조직 갈등관리 트레이닝북

박효정 지음

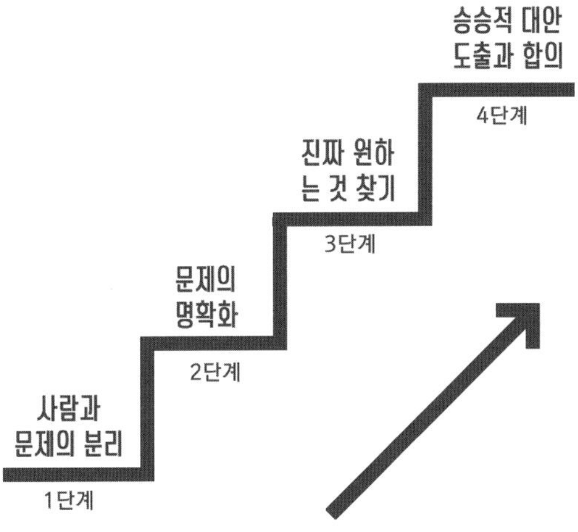

프롤로그

갈등 자원의 긍정 활용서

조직 갈등관리 트레이닝 북

#1

이 책에는 제가 다양한 기업 및 공공 기관에서 1~2일간 진행하는 갈등관리 워크숍의 학습활동이 그대로 담겼습니다. 차례대로 읽고, 안내에 따라 생각을 정리하다 보면 갈등을 바라보는 관점과 갈등 이슈를 다루는 방식이 긍정적으로 변화해감을 느끼실 수 있을 것입니다.

#2

이 책은 크게 4개의 장으로 구성되어 있습니다. 각 장마다 직접 실습하고, 활동해 볼 수 있는 사례가 제시됩니다.

'1장, 내 앞의 갈등들, 새로운 눈으로 바라보기'는 '우리 주변의 갈등을 어떤 관점에서 바라볼 것인가?'가 중요한 포인트입니다. 갈등으로 손해보지 않고, 오히려 갈등상황을 자원으로 활용하기 위해 갈등의 개념, 원인, 분석 방법, 갈등 상황에서의 나의 태도 등에 대해 알아보고 실습합니다.

'2장, 갈등관리의 5가지 방식'에서는 Tomas & Kilmann의 5가지 갈등관리 방식을 살펴봅니다. 갈등 상황에 대한 유일한 도구가 있다기보다 상황에 따라 유연하게 대응하는 것의 중요성을 확인할 수 있습니다.

'3장, 승승적 갈등해결 프로세스'에서는 상대방과 불편한 감정을 느끼는 갈등 상황에서 자극과 반응사이에 공간을 두고 순차적으로 감정과 생각을 정리해 볼 수 있는 4단계 활동을 안내합니다. 현장에서의 적용이 쉬울 수 있도록 다양한 사례를 함께 제시했습니다.

마지막 '4장, 갈등, 알면 줄일 수 있다'에서는 평소 사람들과의 대화 과정에서 갈등을 줄이는데 도움이 되는 경청, 질문, 감사, 사과, 거절의 구체적 기법을 안내합니다.

#3

개정판에서는 각 장 별로 현장 Q&A가 제공됩니다. 그간 기업 및 공공기관, 강사 양성 프로그램에서 이 책을 교재로 활용하였는데 각 장마다 참여자들의 질문 중 대표적인 내용과 그에 대한 저의 답변을 정리하였습니다. 현장 사례와 더불어 영화와 드라마 속 이야기를 더해 갈등 관리에 대한 쉬운 이해를 돕고자 했습니다. 혹시 책을 읽으면서 궁금한 점이 떠오르면 저자 이메일로 질문을 보내주셔도 좋습니다.

#4

이 책을 효과적으로 활용하는 가장 좋은 방법은 안내에 따라 직접 자신의 생각을 작성해 보는 것입니다. '다음에 해 봐야지'하고 미루지 마시고, 그 때 그 때 가벼운 마음으로 시도해 보세요. 몸의 근육을 만들 때도 근섬유를 자극해 상처를 만들고, 그 상처가 아물면서 근육의 크기가 커지고 단단해지는 것처럼 갈등관리를 잘하고 싶다면 많은 이론을 학습하는 것보다 직접 부딪치면서 인내를 가지고 작은 시도를 반복해 보는 것이 좋습니다. 해보지 않으면 내 것이 될 수 없습니다.

차례

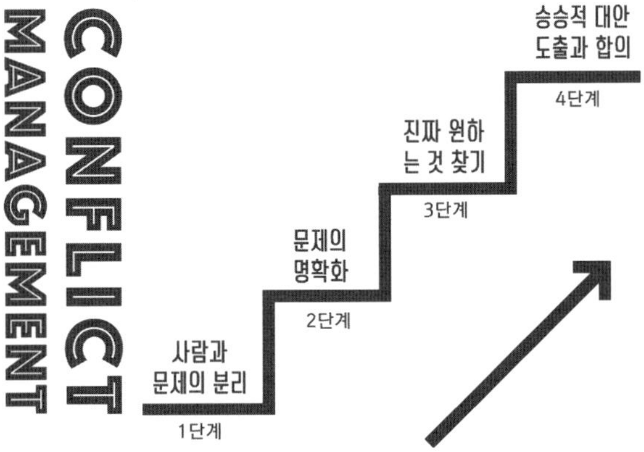
CONFLICT
MANAGEMENT
사람과
문제의 분리
1단계
문제의
명확화
2단계
진짜 원하
는 것 찾기
3단계
승승적 대안
도출과 합의
4단계

1장

갈등, 새로운 눈으로 바라보기

1-1

갈등은 주관적으로 인식되는 것

conflict 갈등

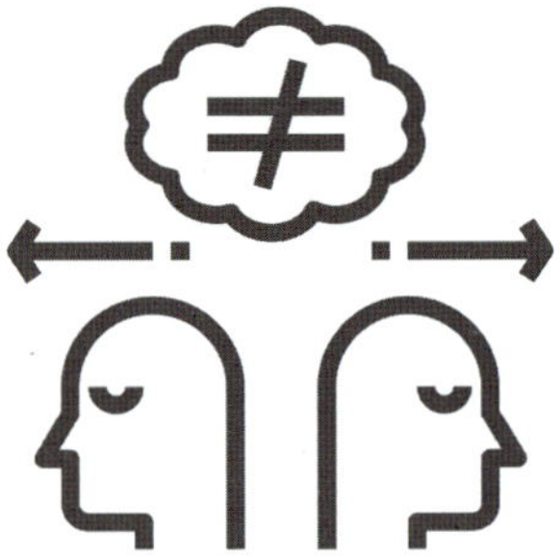

여러분은 '갈등'하면 어떤 이미지가 떠오르시나요?

자, 아래의 빈 칸에 '갈등'이라는 말에서 연상되는 단어 8개를 적어보시기 바랍니다. 1분 동안 생각나는 명사 혹은 형용사를 적으면 됩니다.

다 작성하셨다면 내가 쓴 단어를 긍정, 중립, 부정 세 영역으로 나누어 놓으세요. 어디까지나 나의 주관적인 판단을 기준으로 하시면 됩니다.

긍정	중립	부정

예를 들어 '상사'라고 썼는데 그 상사라는 단어가 부정적인 이미지라고 느껴지면 부정의 칸에, 긍정이라고 느껴지면 긍정의 칸에 놓으시면 됩니다.

각각의 칸에 몇 개의 단어들이 들어가 있는지 한 눈에 보일 것입니다. 긍정, 중립, 부정 중 어느 쪽에 무게가 실려 있나요?

다음은 그동안 기업에서 진행된 수차례의 워크숍에서 참여자들이 작성한 갈등에 대한 키워드입니다.

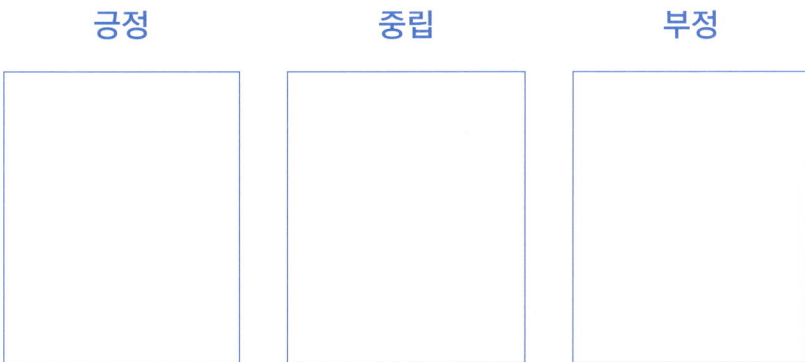

긍정태깅

▎중립태깅

▎부정태깅

갈등에 대한 나의 인식과 다른 사람들의 인식 사이에서 공통점과 차이점을 발견하였을 겁니다. 사람마다 자신의 경험과 가치 기준에 따라 갈등에 대한 인식차이도 크게 존재합니다. 주로 긍정 태그에 붙인 단어들은 갈등 해결이 잘 되었을 때 우리가 얻을 수 있는 이익에 초점이 맞춰져 있습니다. 반면 부정 태그는 갈등의 대상, 갈등을 경험할 때의 심리적 분노, 혹은 불안 상태를 표현합니다. 동일한 대상이라도 무엇을 집중해서 보느냐에 따라 갈등에 대한 인식이 다름을 알 수 있습니다.

동일한 이슈에 대한 갈등 상황은 갈등 당사자 간의 입장에 따라 달리 해석될 수 있습니다. 즉, 주관적으로 인식되는 것이죠.

여기서 갈등의 개념을 다시 살펴볼까요?

갈등의 한자를 보면 갈은 칡 葛을, 등은 등나무 藤를 뜻합니다. 칡과 등나무는 둘 다 덩굴식물이지만 칡은 왼쪽으로 등나무는 오른쪽으로 감아 올라가는 성질이 있습니다. 칡과 등나무가 다투듯이 서로 단단히 얽혀있는 이미지가 떠오르시죠? 칡과 등이 서로 먼저 감아올라가려고 다투다 둘 중 하나는 죽게 되는데 여기서 갈등이라는 단어가 유래했다고 합니다.

갈등은 이처럼 둘 이상의 사람이나 집단이 서로 원하는 목표가 달라 발생하는 충돌을 의미합니다. 겉으로 드러난 불화의 모습뿐만 아니라 각 당사자 간의 내면에서 일어나는 심리적 충돌도 갈등이라 할 수 있습니다.

오랫동안 조직 갈등을 연구해온 한 연구자는 갈등을 이렇게 정리합니다.

"갈등이란 개인 또는 집단 간의 생각이나 태도 그리고 느낌과 행위 등에 차이가 있고, 그로 인해 문제가 발생하거나 부정적인 감정이 개입하는 긴장상황"

– **조직갈등관리** 문용갑, 이남옥 지음 / 학지사 / 2016 / 23p

"갈등은 양립될 수 없는 목표와 서로 다른 가치에 의해 일어나고 실제적인 것이라기 보다는 지각되는 것이다."

– **사람일까 상황일까** 리처드 니스벳, 리 로스 지음 / 심심 / 2019

저는 갈등이 '실제적인 것이라기보다는 지각되는 것이다'에 집중해서 갈등의 개념을 생각해보려 합니다. 갈등이 나에게 가해지는 외적인 자극이라고 보기보다는 외적인 자극에 대한 나의 해석이라고 보는 관점이 갈등을 객관적으로 인식하는데 도움이 되기 때문입니다.

사례를 하나 볼까요?

A라는 회사 총무부에 근무하는 박과장. 매주 월요일 오전 9시 경영 회의에 사용할 각 부서별 실적표를 전 주 금요일 오후 2시까지 취합해 왔습니다. 팀이 총 21개인데 특정한 2~3개 부서에서는 매번 마감 시간을 넘기고 전화로 독촉을 해야만 겨우 실적표를 보내왔습니다. 박과장은 불만스럽게 중얼거릴 수밖에 없었죠.

"도대체 사람들은 생각이 있는 거야 없는 거야. 제일 중요한 실적표 하나 제대로 시간도 못 맞추면서 무슨 사업을 하겠다는 거야. 문제야 문제!"

그런데 부서이동이 있어 박과장은 마케팅 부서로 발령을 받았습니다. 이제는 본인이 총무부에 실적표를 제출하는 역할을 맡게 되었습니다. 막상 그 업무를 하다 보니 매주 마케팅 실적을 금요일 오후 2시까지 정확하게 집계하는 것 자체가 시간상 무리라는 것을 알게 되었습니다. 그래도 어떻게든 집계를 하려다 보니 금요일만 되면 박과장도 스트레스가 이만저만이 아니었습니다. 총무부로부터 독촉 전화라도 오면 짜증과 앓는 소리를 반복하게 됩니다.

"아. 도대체 돈 벌기도 바쁜데, 이거 좀 늦는다고 뭘 저렇게 까다롭게 굴어. 고객보다 더한 갑이네 갑이야."

매주 금요일 오후 2시까지 실적을 집계한다는 것은 같았지만 그 업무에 대한 입장이 달라지니 정 반대의 의견을 갖게 되었습니다.

또 다른 사례를 들어보겠습니다.

영업 부서에서 있었던 갈등 사례입니다. 이 부서는 현장에서 직접 고객을 발굴하고 관리를 담당하는 파트와 사무실 내에서 견적 산출 등의 행정 업무와 재고 관리 및 구매를 담당하는 파트가 함께 일합니다. 한번은 고객사 관리를 맡은 한과장과 내근직을 맡고 있는 박대리가 심각한 갈등을 겪었습니다. 한창 진행 중인 A사의 장비 영업 건 계약과 관련해서요.

박대리 한과장님, 이번 계약 건... 마진율이 너무 낮은데요? 조정 좀 해보시죠?

한과장 우리 마진이 줄더라도 어떻게든 계약 성사 하는 게 우선입니다.

박대리 계약도 계약이지만 우리의 적정 마진을 지키는 게 더 중요하죠. 언제까지 고객 요구만 맞춰줄 겁니까? 이렇게 남기는 것 없이 사업하는 게 무슨 의미가 있죠?

한과장 박대리, 너무 편한 소리 하는 거 아닙니까? 경쟁이 얼마나 치열한데, 나라고 그렇게 영업하고 싶어서 하나요? 맞춰주지 않으면 다음 영업이 진행 안 되는게 현실인데... 현장을 좀 보고 비판하세요. 정말 영업할 맘 안 나게 하네...

박대리 제 말은.....

이 두 사람은 각자의 입장에서 최선을 다하고 있습니다. 만약 한과장이 박대리처럼 내부에서 팀 실적 관리 및 행정 업무를 담당했다면, 또는 박대리가 한과장처럼 고객과의 접점에서 계약을 성사시켜야만 하는 입장이라면 서로의 주장은 달랐을 것입니다. 그리고 조금만 뒤로 물러서서 서로의 입장이 되어본다면 동의는 하지 않더라도 서로의 입장을 이해할 수는 있습니다. 이처럼 내가 어떤 입장에 있느냐, 즉 이해관계의 차이에 따라 갈등이라는 것이 달리 인식될 수 있다는 것을 인정하는 것만으로도 조직 내 갈등해결의 실마리를 찾을 수 있습니다.

1-2

조직 내 어떤 갈등을 겪고 있나요?

조직 내에서 우리가 겪는 갈등은 매우 다양합니다. 업무 방식의 차이, 관계상의 어려움, 가치관의 차이, 혹은 한정된 자원을 서로 확보하고자 하는 과정에서 자연스럽게 생기는 갈등 등 수 없이 많은 갈등의 요인이 존재합니다.

지난 2017~2019년 국내 중견기업 한 곳과 대기업 두 곳의 약 2,500명을 대상으로 기업의 조직 내 갈등에 대한 인식을 조사했습니다.

'당신은 현재 어떤 갈등을 겪고 있습니까?'라는 질문에 대한 답변 결과입니다.

1위 상사와 후배와의 갈등 32%

2위 부서와 부서간의 갈등 29%

3위 동료와의 갈등 20%

4위 고객과의 갈등 19%

물론 전체 응답 결과는 위와 같지만 각 부서 및 직무 별로 응답결과가 달랐습니다. 예를 들어 영업파트의 경우 1위가 고객과의 갈등으로 나타나고, 대외 홍보를 담당하는 파트의 경우 지역 사회와 갈등이 주를 이룹니다.

조직 내 갈등의 종류

조직 내 여러 갈등 중 구성원들이 높게 인식하고 있는 상사와 후배 간의 갈등, 부서와 부서와의 갈등을 좀 더 집중적으로 살펴보겠습니다.

01 상사와 후배 간의 갈등

후배 직원이 느끼는 상사와의 갈등

2017년 잡코리아는 직장인 567명을 대상으로 설문을 진행했습니다. 상사와 갈등을 겪었던 경험이 있느냐는 질문에 95.8%의 직장인이 "예"라고 답했습니다. 직장인이라면 거의 예외 없이 상사와 갈등을 겪는 것입니다.

설문 결과를 보면 갈등의 주된 원인은 업무 지시에 일관성이 없어서 64.5%, 내 업무가 아닌 것까지 시켜서38.9%, 성격차이 때문에35.9%, 회식 및 야근을 강요해서8.8%, 내 업무실적을 가로채서5.9%로 나타났습니다.

직장 상사와의 갈등으로 인한 스트레스 해소법도 물었습니다. 동료와 뒷담화를 한다46.8%, 친구 및 지인에게 하소연을 한다41.4%, 술을 마신다 33.9%등의 답변이 나왔습니다.

상사가 느끼는 후배 직원과의 갈등

상사와 후배 직원 간에 갈등이 있다고 하면 후배 직원만 어려움을 느끼는 것으로 오해하기 쉽습니다. 그러나 후배 직원과 관계가 힘들면 상사도 큰 스트레스를 받습니다.

'직장 후배와의 갈등 경험'이라는 주제로 2015년 취업포털 '커리어'가 직장인 714명을 대상으로한 설문조사 결과를 보면 '직장 후배와 갈등을 겪은 적이 있는가'라는 질문에 82.35%가 '있다'고 답했습니다.

응답자들은 '직장 후배로 인해 받는 가장 큰 스트레스는 무엇인가'라는 질문에 '조금만 지적해도 엄하거나 무서운 선배로 생각하는 태도'35.29%를 가장 많이 꼽았습니다. 그 다음으로는 '선배가 노하우를 가르쳐 주는 것이 당연하다는 의식'26.47%, '조금만 칭찬해 주면 한없이 빠져버리는 자아도취'20.59%, '무엇이든 생각 없이 물어보는 질문공세'17.65%를 선택했습니다.

'직장 후배와의 갈등을 푸는 방법'으로는 '술자리 등 대화할 수 있는 자리를 마련한다'44.12%는 답변이 가장 많이 나왔습니다. 이어 '가급적 더 큰 마찰이 생기지 않도록 피한다'23.53%, '혼자 참고 삭인다'20.59%, '면담 요청을 해 업무적으로 해결한다'11.76%는 등의 답변도 있었습니다. 이 두 가지 설문 조사 결과를 보면 업무 지시를 받고 배우는 후배와 업무를 지시하고 가르쳐 주는 선배 모두 관계에서 어려움을 느낀다는 것을 알 수 있습니다.

세대 간 갈등

최근 상사와 후배 간 갈등의 새로운 양상으로 세대 간의 갈등이 한 몫을 차지하고 있습니다. 어느 시대건 기성 세대와 새로운 세대 간의 갈등은 존재해 왔습니다.

각 세대가 살아온 사회 · 문화 · 경제적 차이는 문제를 바라보는 관점, 일과 삶의 우선순위, 소통의 방식에도 영향을 미치기 때문입니다. 현재 많은 조직에서 호소하는 세대 간 소통의 어려움도 사실 이전부터 늘 있어왔던 세대 간 갈등으로 볼 수 있습니다. 하지만 4차 산업혁명이라는 시대적 큰 변화 속에서 디지털 네이티브라 불리는 밀레니얼 세대1980~2000 사이에 태어난 세대와 기성 세대와의 갈등 이슈는 좀 더 근본적인 상호 이해가 필요합니다. 세대 간의 차이로 발생하는 갈등을 어떻게 다스리느냐가 리더십과 팔로워십의 중요한 덕목이 되고 있습니다.

런던 비즈니스스쿨의 테미 에릭슨 교수는 기성 세대와 젊은 세대의 차이를 선호하는 조직, 정보획득의 방식, 시간관념, 삶에 대한 태도로 구분하여 다음과 같이 제시합니다.

WEEKLY BIZ, 2015.12

리더 세대		주니어 세대
수직적 조직	**익숙한 조직**	협업적이고 수평적 네트워크형 조직
전통적 미디어 활용 선호 (신문, 방송 등)	**정보 획득 방식**	다양한 채널을 선호 (특히 인터넷과 모바일 적극 활용)
업무 시간 총량이 근무 평가의 기준	**시간 관념**	결과가 중요, 얼마나 많은 시간을 들였는지는 중요하지 않음
직업이 자신을 정의	**삶에 대한 태도**	일과 인생의 조화

이처럼 서로 살아온 사회 · 문화 · 경제적 배경이 다른데서 오는 관점과 인식의 차이는 필연적으로 세대 갈등을 야기합니다. 사회나 가정 뿐 아니라 조직 내에서도 세대 갈등을 호소하는 사례가 많습니다. 그리고 이러한 세대 간의 갈등이 업무의 방해요소가 되고 있습니다.

02 부서간의 갈등

2015년 한 취업포털에서 직장인 1,745명을 대상으로 실시한 설문조사에 따르면 96%는 '현재 본인이 근무하고 있는 회사 내에 부서 간 갈등이 존재한다'고 답했습니다. 갈등의 형태로는 '부서간 커뮤니케이션 부재로 인한 오해누적34.3%'이 가장 컸습니다. 구성원들이 이야기를 구체적으로 들어볼까요?

"문제가 발생해서 미팅을 하면 그 문제를 어떻게 해결할까 고민하는게 아니라 잘잘못 가리기에 바빠요."

"같은 회사인데도 네 일이네 내 일이네 따지면서 어떻게든 책임을 줄이려고만 해요. 얄밉죠."

"같은 회사인데도 다른 회사와 일할 때보다 더 힘들 때가 많아요. 다른 부서는 어떻게 되든 간에 자기 부서만 잘되면 된다고 생각하는 것 같아요."

이들은 부서 이기주의에 대한 어려움을 호소합니다. 여기에는 부서 간 협업보다는 경쟁을 부추기는 기업의 문화도 큰 역할을 하는 것으로 보입니다.

각각의 갈등 당사자는 각자 자기 입장에서 갈등 스트레스를 받습니다. 이는 조직 차원에서는 업무 생산성 저하를 가져오고 개인적으로는 스트레스와 낮은 동기 등의 결과를 가져올 수 있습니다. 물론 건강하게 갈등을 해결하기만 한다면 갈등이 불거지기 전보다 일하는 방식이나 조직원들의 관계가 긍정적으로 변화하는 계기가 될 수도 있습니다.

1-3

갈등은 왜 일어날까요?

"갈등의 원인은 복합적으로 작용한다."

서로 다른 이해관계	불명확한 업무	조직 문화
• 부서와 부서 간 • 파트와 파트 간 • 상사와 부하 간 • 개인 구성원 간	• 모호한 책임영역 • 불명확한 프로세스	• 경쟁지향적 조직문화 • 수직적 조직문화 • 성과중심 조직문화
구조적 • 상황적 원인		

개인적 원인		
• 반대를 위한 반대 • 분노표현 화,호통,짜증,비난 • 불명확한 업무지시 • 무조건적 지시	• 불명확한 목표 • 책임 회피 • 구성원과의 불화 • 강압적 스타일	• 성격 스타일 기질 및 개성 • 가치관과 세계관의 차이
소통능력 부족	리더십 부재	심리적 성향 차이

여러분이 그동안 조직에서 겪었던 갈등 상황을 하나만 떠올려 보시기 바랍니다. 그 갈등의 원인은 무엇이었나요? 갈등의 원인을 딱 한가지만으로 정리할 수 있는 경우는 극히 드뭅니다. 대체로 갈등 상황은 위의 그림에서 보듯 여러 요인들이 복합적으로 작용하여 나타나는 경우가 많습니다.

조직에서 겪는 다양한 갈등의 원인은 표에서 보시는 것과 같이 구조적 · 상황적 요인과 개인적 차이 두 가지로 나누어 볼 수 있습니다.

구조적 · 상황적 요인은 개인의 성향이나 스타일의 문제라기 보다는 상황 자체가 갈등이 발생할 수 밖에 없는 구조적 한계를 가지고 있는 경우를 말합니다.

부서와 부서 간, 상사와 후배 간처럼 처음부터 이해관계가 다른 경우 잠재적 갈등의 요인이 존재할 수 밖에 없습니다. 즉, 갈등의 발생이 매우 자연스럽다고 할 수 있습니다.

조직 내 업무 프로세스가 명확하지 않거나 책임영역이 모호할 경우 업무를 수행하는 과정에서 갈등이 자주 발생합니다. 제가 현장 갈등 관리를 돕는 과정에서 가장 안타까운 순간은 이렇게 업무상 구조적으로 문제를 해결해야 하는 이슈를 사람 탓으로 돌리는 경우입니다. 분석해 보면 업무 프로세스의 일부를 조정하거나 책임과 역할을 조금 더 명확하게 조율하면 될 문제를 개인의 성실성이나 책임감의 문제로 돌릴 때가 종종 있습니다.

또 조직문화가 겉으로는 협업을 권장하지만 실제로는 지나치게 경쟁을 부추기는 경우, 성과를 측정할 때 과정보다 결과에 초점을 맞추는 경우 조직 분위기는 경직되고 갈등은 커집니다.

지금까지 살펴본 세 가지 원인인 서로 다른 이해관계, 불명확한 업무, 조직 문화의 경우 개인의 노력도 중요하겠지만 근본적으로 팀이나 조직이 구조적으로 문제를 해결하고자 하는 노력을 기울일 때 관리가 되는 이슈라 할 수 있습니다.

자, 이제 **개인적 요인**을 살펴볼까요?

조직생활을 하는 사람이라면 다수가 경험해 봤을 소통의 미숙함에서 오는 갈등 상황입니다. 구성원 중 누군가가 주변 사람들이 불편을 느낄 만큼 화나 분노 표현을 거침 없이 하는 경우, 또 사실과 근거 기반의 업무 대화 보다는 자신의 입장만을 강요하는 일방적 소통은 갈등을 유발합니다. 우리가 기업 내 커뮤니케이션 교육을 주기적으로 실시하는 이유이기도 하지요.

리더의 리더십 스타일도 갈등의 원인이 됩니다. 내가 속한 팀의 리더가 책임을 회피하려 하거나 지나치게 강압적으로 구성원을 억압한다면 갈등은 커질 수 밖에 없습니다.

또 개인 간의 갈등은 심리적 성향 차이, 분노를 조절하지 못하거나 소통 능력이 미숙한 데 원인이 있기도 합니다.

이처럼 소통능력의 부족, 리더십의 부재, 심리적 성향차이와 같은 개인적인 차원의 원인이 문제라면 구성원 개개인이 자신을 성찰하고, 건강한 갈등관리를 위한 노력을 기울여야 합니다.

지혜로운 갈등관리는 복합적인 갈등의 원인을 객관적으로 바라보는 데서 출발하는 것이죠. 만약 갈등의 원인이 하나 이상 복합적으로 분석된다면 그 중 좀 더 근본적인 원인, 혹은 나의 노력으로 변화가 가능한 이슈부터 개선의 노력을 기울이시기 바랍니다.

1-4

갈등나무로 갈등 분석하기

앞서 우리는 조직 내 갈등의 다양하면서도 복잡한 원인에 대해 살펴보았습니다. 이번에는 나무 이미지를 이용해 갈등을 원인, 문제, 영향의 세 영역으로 구분하여 기술해 보고자 합니다. 갈등나무 기법을 사용하면 내가 가지고 있는 갈등을 객관화하고, 해결 방안을 모색하는데 도움이 됩니다.

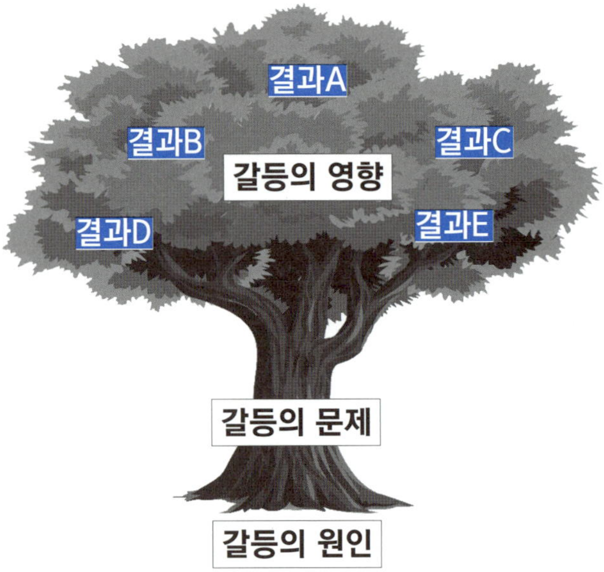

갈등나무 기법

갈등의 원인은 뿌리에 작성합니다. 현재 겪고 있는 갈등의 원인을 앞서 살펴본 다양한 측면에서 살펴보고 작성합니다. 나무 기둥에는 문제를 작성합니다. 갈등의 문제란 갈등을 둘러싸고 이해당사자 간에 쟁점이 되고 있는 사항들, 겉으로 드러난 모습들입니다. 마지막으로 나뭇잎에는 갈등의 영향을 작성합니다. 지금 벌어지고 있는 갈등이 갈등 당사자들에게 미치는 영향에 대해 객관적으로 작성합니다. 이때는 긍정적, 부정적 영향을 모두 작성하는 것이 좋습니다.

다음에 제시한 갈등나무 예시는 한 기업의 실무자가 자신의 상사와 겪었던 갈등을 갈등나무 기법으로 분석한 것입니다. 이 경우 갈등의 원인은 평소 신뢰관계가 없었다는 점, 소통 능력이 부족했다는 점 등으로 분석이 됩니다. 실제 작성자는 갈등나무를 작성해보니 평소 자신의 갈등 패턴을 시각적으로 파악할 수 있었다는 소감을 남겼습니다. 갈등 상황에서 순간적으로 이성을 잃었던 것이 생각보다 큰 영향을 미쳤다는 것도 느꼈다고 합니다. 자신의 갈등 패턴을 파악한다면 어떤 부분을 중점적으로 관리해야 할지 그 방향을 찾기도 쉽습니다.

갈등나무 작성 예시

그럼 이제 여러분 각자 갈등나무를 그려보시기 바랍니다. 내가 겪고 있는 조직 내 갈등 하나를 떠올려보세요. 갈등이 벌어졌던 상황 속으로 들어가 그 당시 구체적으로 어떤 일이 있었는지 그 때의 감정은 어땠는지 어떤 장면들이 떠오르는지 면밀히 살펴보세요. 그 뒤 갈등의 원인과 문제, 영향을 구체적으로 작성해 보세요.

나의 갈등나무 작성하기

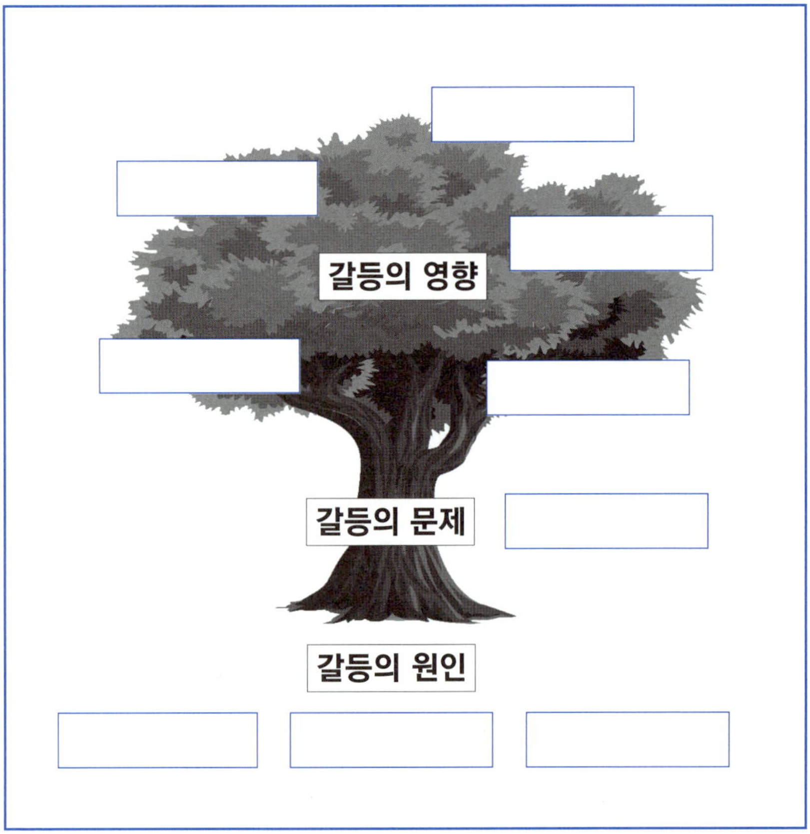

나의 갈등나무를 보면서 어떤 생각이 드시나요? 다시 그 갈등 상황으로 들어간다면 어떤 부분을 좀 더 관리해 보고 싶으신가요? 곰곰이 생각해 보시기 바랍니다.

1-5

갈등 디자인을 위한 관점

갈등은 무조건 우리에게 부정적 결과만을 가져올까요? 그렇지 않다는 것이 갈등 전문가들의 견해입니다.

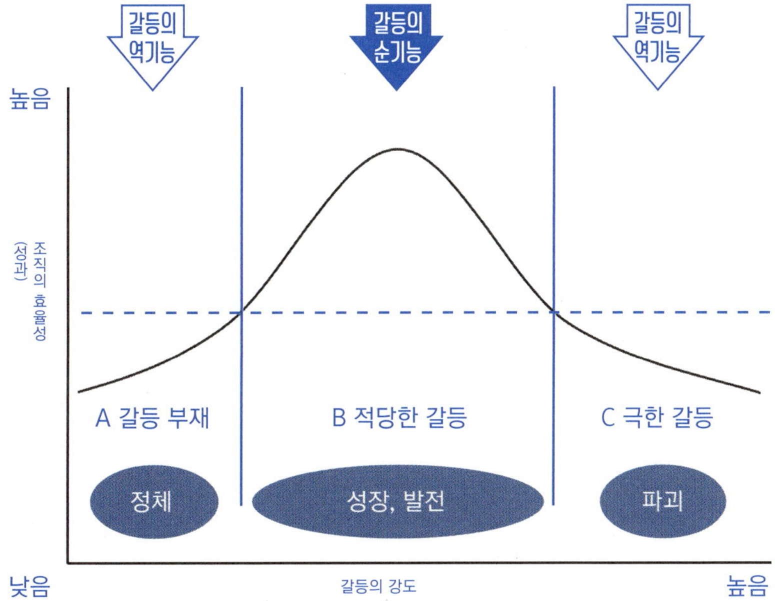

갈등과 성과와의 관계

팀웍의 개념, 측정 및 증진방법 박원우 지음, 서울대학교출판문화원, 2006, 158p

갈등은 나쁜 것이므로 제거하는 것이 중요하다고 보는 전통적 관점을 넘어서 이제 조직에서 갈등이 생기는 것은 자연스러운 것이며 피할 수 없다고 보거나 갈등은 오히려 조직의 성장에 긍정적 영향을 미치는 경우도 있다고 보고 있습니다.

앞의 그림처럼 갈등이 아예 드러나지 않는 갈등 부재의 상황은 오히려 조직의 성장에 도움이 되지 않습니다. 조직 내 구성원들이 자신의 생각을 건강하게 이야기 하지 못하고 침묵으로 일관한다면 조직은 정체될 수밖에 없기 때문입니다. 반면 갈등을 미숙한 방식으로 대처함으로써 파괴적 결론을 내린다면 그 역시 갈등의 역기능만 부각되는 것입니다. 그림에서 보시는 그래프의 중간 영역, 즉 갈등은 있지만 조직의 성과도 올라가는 적당한 갈등 지점에서 갈등을 건강하게 해결하는 시도를 할 수 있습니다. 갈등을 적합한 방식으로 해결한다면 갈등이 드러나기 전보다 갈등 후에 오히려 조직이 성장할 수 있습니다. 이것이 갈등의 순기능입니다.

드라마 <검색어를 입력하세요>의 한 장면을 떠올려 보겠습니다. 서로 한 팀이 되기에는 일하는 방식과 가치관, 지향하는 바에 차이가 큰 구성원들은 갑자기 하나의 팀으로 일해야 하는 이유를 리더에게 따져 묻습니다. 게다가 새로운 팀의 팀장은 타사에서 막 이직해서 이 회사와는 컬러가 다른 사람이라 더 납득하기 어려운 상황입니다. 새로운 팀을 만든 리더는 그 이유를 다음과 같이 이야기 합니다.

"우리에겐 우리 스타일이 아닌 사람이 필요해요. 새로운 아이디어도 필요하고, 완전히 다른 시각이 필요합니다. 우리가 우리의 방식 때문에 우리의 스타일에 갇혀서 그동안 시도해 보지 못한 것들을 과감하게 시도할 사람이 필요합니다. 난 그런 면에서 현재 적임자로 구성되었다고 생각합니다."

이 경우 리더는 오히려 갈등의 상황을 긍정적으로 활용하는 방법을 선택했습니다. 성장을 위해 당장 불편하더라도 일시적 대립과 불편함을 감수하는 것이죠. 우리의 학습 목적은 바로 여기에 있습니다. 기존의 갈등에 대한 선입견에서 벗어나 성장을 위해 갈등을 활용할 수 있도록 하는 것입니다. 현실적으로 조직에서의 갈등은 피할 수 없습니다. 서로 이해관계가 다르고, 한정된 자원 속에서 성과를 내야 하는 비즈니스 현장은 갈등이 상존하는 영역입니다. 이제 갈등은 피해야 할 대상이 아니라 어떻게 대처하는가가 중요한 해결과 성장의 영역이라는 점을 인식할 필요가 있습니다.

갈등은 피할 수 없다. 중요한 것은 갈등에 어떻게 대처하는가이다.

그렇다면 우리는 갈등에 어떻게 대처해야 할까요? 갈등을 바라보는 관점을 정리해 보겠습니다.

갈등 디자인을 위한 관점

1. 모두 승자가 될 수 있다.

승-패 관계가 아닌 윈-윈의 결론을 모색할 수 있다.

2. 갈등은 서로의 차이에서 발생한다.

개인의 인격적 결함이나 옳고 그름의 원인보다는 서로의 입장 차이에서 발생한다.

3. 지혜로운 갈등관리는 성장을 이끈다.

건강한 갈등 관리는 갈등 이전보다 성장한 조직의 모습을 이끌 수 있다.

1-6

갈등 관리를 위한 OK-OK 삶의 태도

갈등 디자인을 위한 세 가지 관점모두 승자가 될 수 있다, 갈등은 서로의 차이에서 발생한다, 지혜로운 갈등관리는 성장을 이끈다을 기반으로 갈등 관리를 하기 위해서는 갈등에 직면하는 개인이 건강해야 합니다. 자신과 타인을 바라보는 관점이 객관적이고 긍정적일 때 적극적 갈등 관리가 가능한 것이죠. 실존주의 철학자 장 폴 사르트르는 **"인생은 B**Birth**와 D**Death**사이의 C**Choice**에 달려있다"**라고 합니다. 우리는 태어나서 죽을 때까지 끊임없는 선택을 한다는 의미입니다. 의식적이건 무의식적이건 사람은 자신의 감정과 생각, 행동에 대한 선택을 매일 매순간 합니다. 저 역시 지금 이 순간 TV를 볼 것이냐, 글을 쓸 것이냐. 마지못해 쓸 것이냐, 의미를 찾아내며 쓸 것이냐 사이에서 의식, 무의식적인 선택을 하고 있습니다.

심리학자 에릭 번은 **"자기나 타인에 대하여 어떻게 느끼며 어떤 결론을 내리고 있는가"**를 '인생태도'라 하였습니다. 그런데 사람들이 매일, 매순간 선택을 하는 과정에 바로 이 인생태도가 강력한 영향을 미친다는 것이죠. 갈등의 상황에서 당사자인 나와 타인을 어떤 관점에서 바라보느냐, 즉 인생태도는 갈등 상황에 나의 행동을 선택하는데 영향을 미칠 수밖에 없습니다. 아래의 인생태도에 대한 그림을 보면서 좀 더 구체적으로 4가지 자신과 타인을 바라보는 관점에 대해 살펴보겠습니다.

You're OK
타인긍정

I'm not OK 자기부정 / I'm OK 자기긍정

I'm not OK 자기부정	I'm OK 자기긍정
슬픔 속상 억울 불안 자책 도피	지금 여기에 진실한 감정 협력 공존
절망 패배 염세 도피 불신 포기	분노 자만 혐오 동성 독선 배타

You're not OK
타인부정

01 I'm OK, You're OK 지금 내가 할 수 있는 최선은?

자신과 타인을 있는 그대로 수용하고 좋은 존재로 보는 관점

출근 후 상사가 내 자리로 찾아와 급한 업무를 지시합니다.

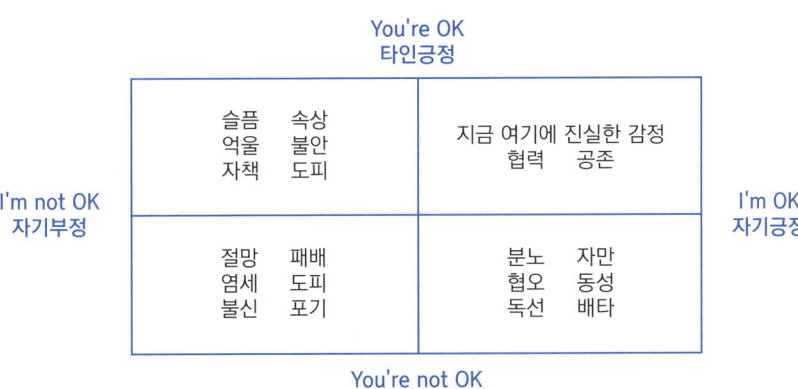

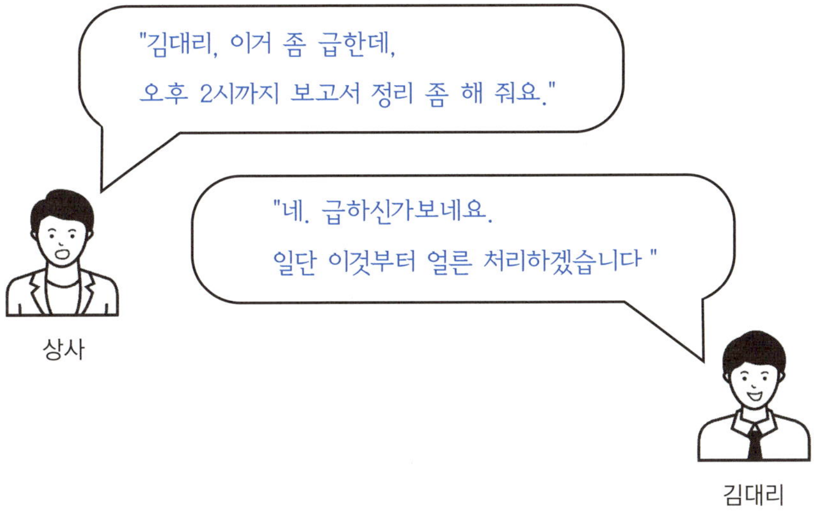
"김대리, 이거 좀 급한데,
오후 2시까지 보고서 정리 좀 해 줘요."
"네. 급하신가보네요.
일단 이것부터 얼른 처리하겠습니다."
상사
김대리

나 역시 하던 업무가 있어서 급한 일이 중간에 끼는 것이 반갑지만은 않았지만 급한 일부터 처리하는 것이 우선이라고 생각했고, 내 능력으로 충분히 할 수 있는 일이기도 했습니다. 일단 급한 일을 처리하기 위해 나는 급한 보고서 작성 업무에 몰입합니다.

위의 경우는 I'm OK, You're OK 태도입니다. 지금 여기서 합리적인 판단이 가능하고, 나와 타인에게 서로 도움이 되는 선택이 가능합니다. '건강한' 태도라 할 수 있겠지요. 이 상태에 있을 때 우리는 타인과 건강한 관계를 맺고 효율적으로 문제를 해결할 수 있습니다. 갈등 상황에서도 나와 상대 서로에게 이익이 되는 결론을 맺고자 합리적 생각을 확장시킬 수 있습니다.

02 I'm not OK, You're OK 나는 도대체 왜 이러지?

타인에 비해 자신은 부족하다고 보는 관점

출근 후 상사가 내 자리로 찾아와 급한 업무를 지시합니다.

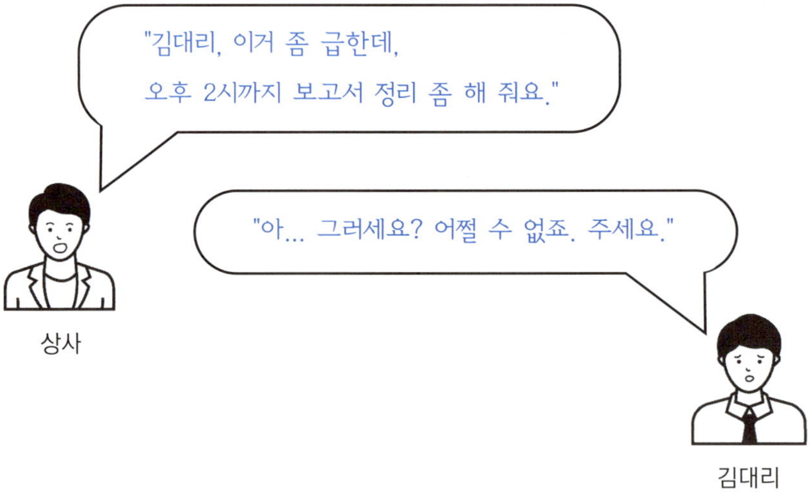
"김대리, 이거 좀 급한데,
오후 2시까지 보고서 정리 좀 해 줘요."
"아... 그러세요? 어쩔 수 없죠. 주세요."
상사
김대리

지금 하는 일도 벅찬데 왜 부장님은 매번 나에게만 이런 일을 시키시나 정말 짜증나지만 차마 나도 바쁘다는 말을 할 수가 없어 참고 일을 받았습니다. 쉽게 일을 받은 나만 호구되는 것 같고, 오늘도 야근을 해야 할 것 같은 생각에 아침부터 지치고 무기력해집니다. 한숨을 쉬며 커피를 마셔 봐도 좀처럼 급한 보고서는 작성되지 않습니다. 나 빼고 우리부서 사람들은 모두 활기있어 보이고 스마트해 보입니다.

위 사례처럼 I'm not OK, You're OK 태도는 자신이 상대와의 관계에서 희생자, 패배자라는 생각을 하게 됩니다. 이 태도에 우리가 머무르게 되면 주변 사람들의 반응에 지나치게 예민해지거나 슬픔, 억울함, 무기력한 감정을 느끼게 됩니다. 이 상태에서 갈등 상황을 만나게 되면 문제에 직면하기 보다는 회피하고, 포기와 양보를 쉽게 합니다.

03 I'm OK, You're not OK 너는 이게 문제야!

자신에 비해 타인이 부족하거나 잘못되었다고 보는 관점

출근 후 상사가 내 자리로 찾아와 급한 업무를 지시합니다.

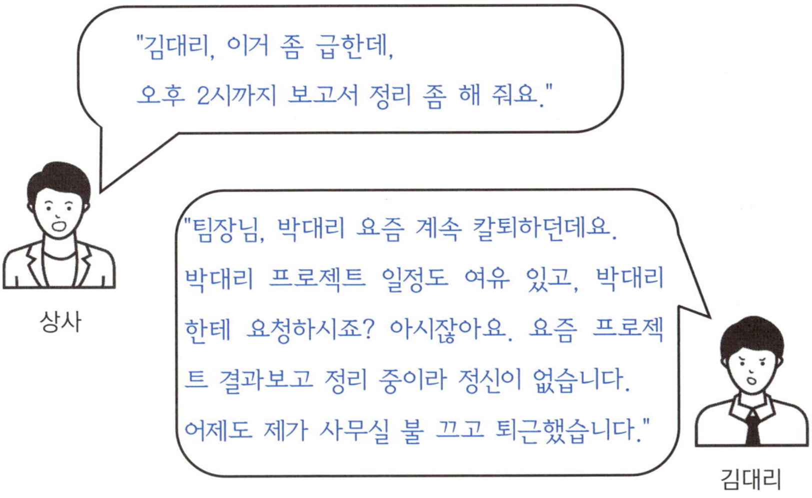
"김대리, 이거 좀 급한데,
오후 2시까지 보고서 정리 좀 해 줘요."
상사
"팀장님, 박대리 요즘 계속 칼퇴하던데요.
박대리 프로젝트 일정도 여유 있고, 박대리
한테 요청하시죠? 아시잖아요. 요즘 프로젝
트 결과보고 정리 중이라 정신이 없습니다.
어제도 제가 사무실 불 끄고 퇴근했습니다."
김대리

팀장님은 별 말 없이 알았다며 업무를 주지 않았습니다. 자리로 돌아와 업무를 시작하려고 하는데 얼굴에 열이 올라오며 분노가 느껴집니다. **'도대체 우리 부서는 나 빼고 일할 사람이 없으니 어쩌라는 건지... 팀장님은 왜 저렇게 물러서 일도 제대로 못 시키시는지..'** 사무실 안에 있는 모든 사람들이 원망스럽고 짜증이 납니다.

사례처럼 I'm OK, You're not OK 태도는 자신을 높이고, 타인을 낮춰 보거나 눌러야 한다는 생각을 하게 됩니다. 끊임없는 투쟁을 통해 내가 이겼다는 감정을 느끼고 싶어합니다. 그러나 결과적으로 관계나 업무 속에서 적을 만들게 되고, 겉으로는 이겼지만 결과적으로 패배하게 되는 결론이 나기도 합니다. 이 상태에서 갈등 상황을 만나게 되면 무조건 이겨야 한다는 생각 때문에 서로에게 이익이 되는 대안을 찾기 보다는 승-패 관계에 집중할 가능성이 높습니다.

04 I'm not OK, You're not OK 어차피 해도 안돼!

자신도 타인도 믿지 못하고, 절망적인 결론을 미리 내리는 관점

출근 후 상사가 내 자리로 찾아와 급한 업무를 지시합니다.

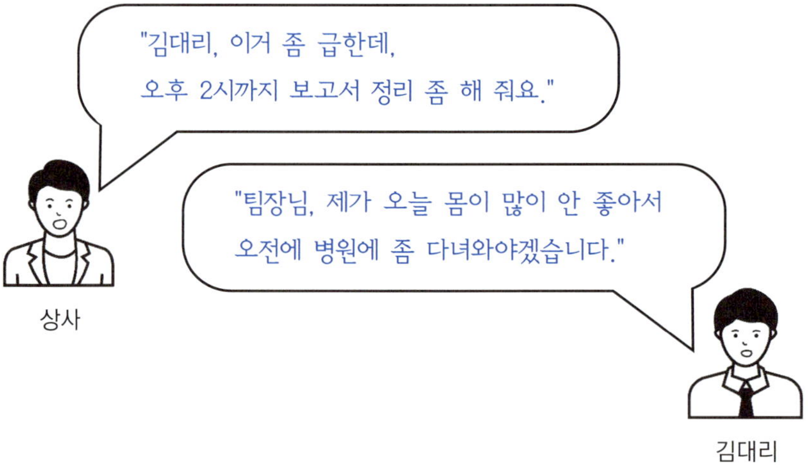

나는 팀장님이 뭐라 대답하기도 전에 서둘러 밖으로 나왔습니다. 급한 보고서를 마무리할 자신도, 팀장님과 함께 일할 마음도 없습니다. 조금이라도 실수한다면 팀장님은 나를 도와주기 보다는 비난할 게 뻔하기 때문입니다.

I'm not OK, You're not OK 태도는 나와 타인을 불신하고, 가능성보다는 패배적인 결론을 내려놓는 자세입니다. 따라서 갈등의 상황에서 이 태도에 있는 사람들은 갈등을 직면하지 않고, 피하려는 태도를 보입니다. 그러니 늘 자신의 주변에 해결되지 않는 갈등 이슈와 잠재적 갈등 요인이 있을 수밖에 없습니다. 갈등이 드러날 때마다 해결은 안 되고 "역시 나는 안돼, 사람들은 내 편이 아니야!"라는 결론만이 남습니다. 이런 태도 때문에 또다른 갈등이 생깁니다. 악순환입니다.

나의 OK-OK 태도 생각하기

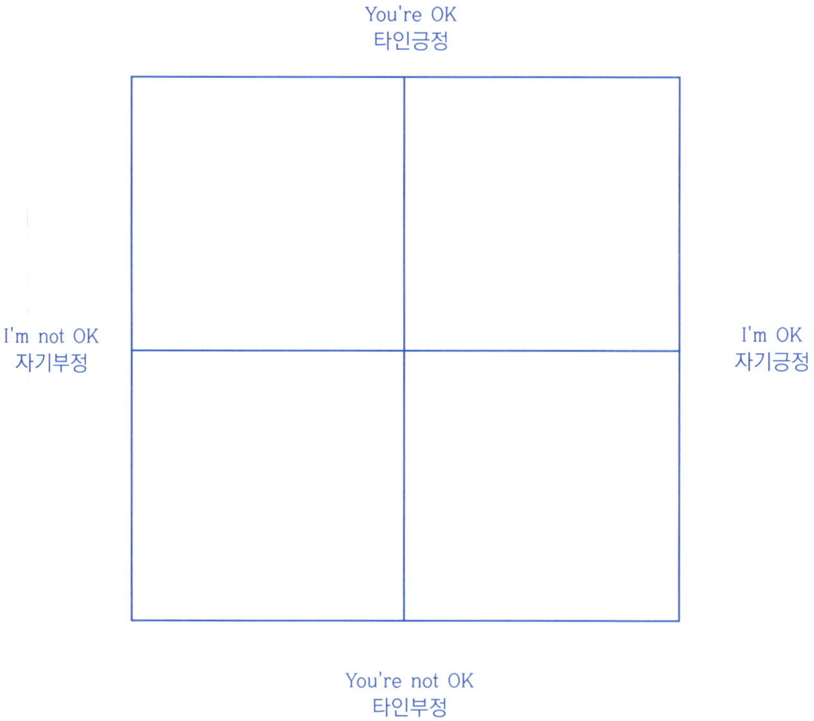

1. 위의 공간에 내가 생각하는 나의 삶의 태도의 영역을 울타리 그리듯 그려 봅니다.

2. 각각의 영역에 주로 내가 어떤 상황에서 누구와 있을 때, 구체적으로 어떤 행동을 하는지도 기록해 봅니다.

3. 나는 주로 어떤 삶의 태도를 보이고 있습니까?

4. OK-OK 태도로 가기 위해 내가 시도해볼 수 있는 생각과 행동은 무엇이 있을까요?

1-7

자극과 반응 사이에 공간 만들기

지금까지 살펴본 네 가지 삶에 대한 태도가 주로 형성 되는 시기는 태어나면서부터 7세 미만까지의 유아기입니다. 그 시기에 자신을 주로 양육하는 사람들과 어떤 스트로크를 주고 받았느냐에 따라 자신과 타인을 바라보는 관점이 달라지게 되고, 그 관점이 성인이 된 이후까지도 영향을 미치는 것이죠. 하지만 유아기에 만들어진 삶의 태도가 평생 바뀌지 않는다고 주장하는 것은 아닙니다.

에릭번을 비롯한 많은 심리학자들은 성인이 되어서도 지속적인 노력이 있다면 건강한 소통과 합리적 의사결정을 하는 삶의 태도를 가질 수 있다고 말합니다. 합리적이고 이성적인 판단을 통해 삶에 대한 자신의 태도를 객관적으로 인식하고, OK-OK 태도를 지향하는 노력으로 삶을 변화시킬 수 있다는 것이죠. 우리가 끊임없이 학습하고 노력하는 이유도 여기 있겠지요. 그동안 의식하지 못했던 나의 습관적 반응들이 타인을 힘들게 할 뿐만 아니라 나 자신에게도 손해를 끼치지는 않았는지 돌아보는 성찰의 시간이 필요합니다.

그 학습과 변화의 과정을 지금부터 자극과 반응사이에 공간 만들기라 부르겠습니다. 우리가 갈등 상황에서 나도 모르게 습관적 반응느껴지는 감정대로 바로 행동에 옮기는 것이 일어날 때 잠시 아래의 사고의 단계를 거쳐봅시다. 합리적 선택을 하는데 도움을 받을 수 있을 것입니다.

01 자극과 반응 사이에 공간 만들기

1. 잠시 멈춰서 "OK-OK 인생태도 사분면 중 현재 나는 어디에 있나?"라는 질문을 한다. 이 질문을 통해 현재 나의 위치를 객관화한다.
    - 현재 나는 나와 상대를 함께 신뢰하고 있는가?
    - 상대를 비난하고 있는가?
    - 나를 자책하고 있는가?
    - 좌절의 상태인가?

2. 내가 현재 느끼는 감정은 나의 신념, 즉 인생태도에 의한 습관적 반응이라는 것을 받아들이며, 감정을 느끼고, 가라앉힌다.

3. 차분한 상태가 되었을 때 "내가 OK-OK 태도에 있다면 할 수 있는 최선의 선택은 무엇인가?" 생각한다. 이 때 나와 타인의 입장을 함께 고려한다.
    - 내가 원하는 것과 상대가 원하는 것은 무엇인가?
    - 나의 입장과 상대의 입장은 어떻게 다른가?
    - 내가 상대라면 어떤 감정이 드는가?

4. OK-OK 행동을 실행한다.

이 과정을 그림으로 표현하면 다음과 같습니다.

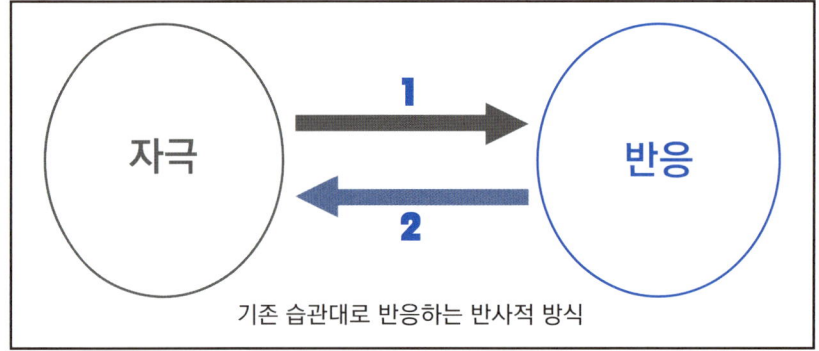

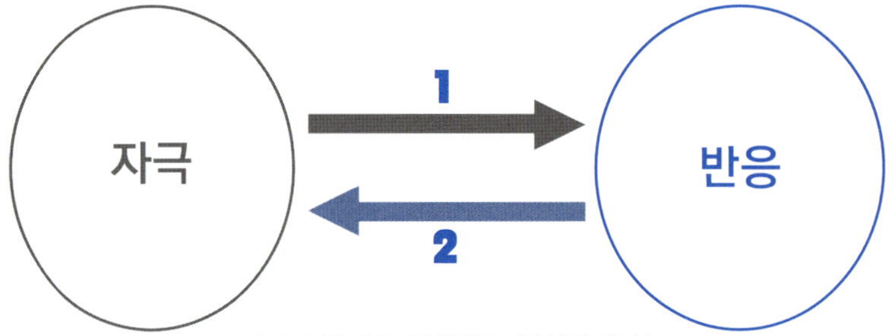

기존 습관대로 반응하는 반사적 방식

이 방식은 매우 빠르고 직관적입니다. 하지만 갈등 상황에서는 의도치 않게 합리적 의사결정을 방해할 수도 있습니다.

02 자극과 반응 사이의 공간이 있는 의식적 방식

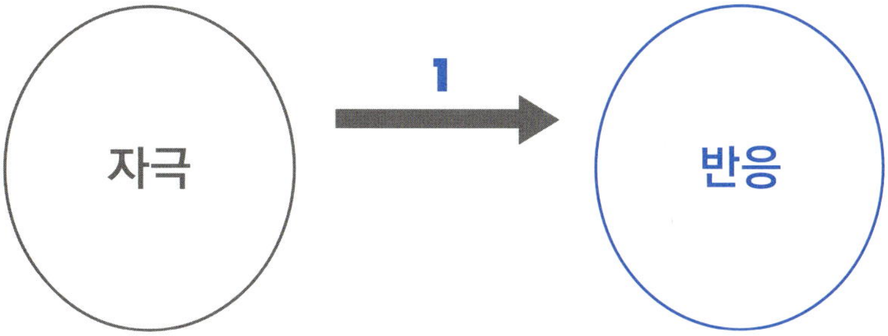

자극이 불편한 감정을 만들고 갈등의 상황이라는 것이
인식되었을 때 바로 반응하지 않고 잠시 멈춘다.

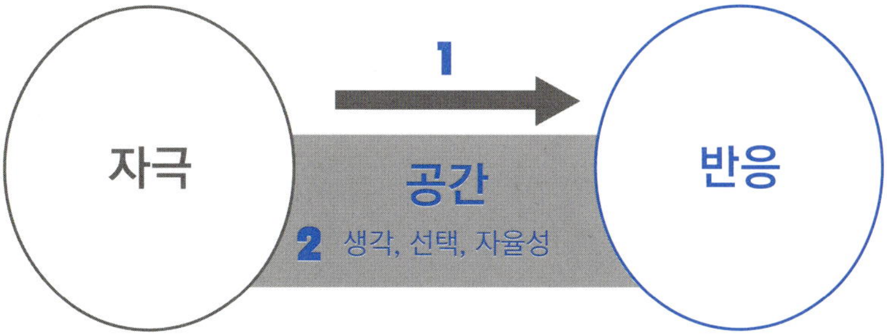

반응 전 공간 안에서 1~3의 생각을 차분히 한다.

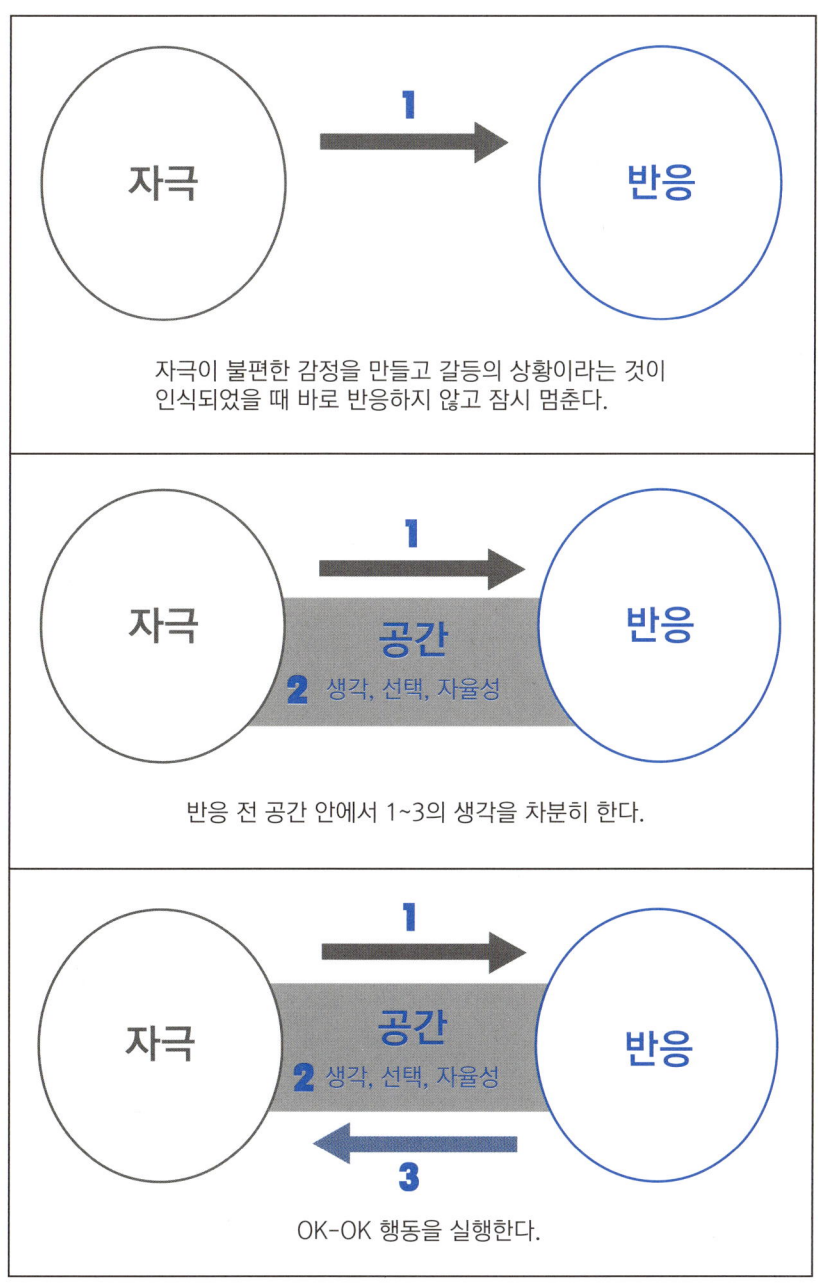

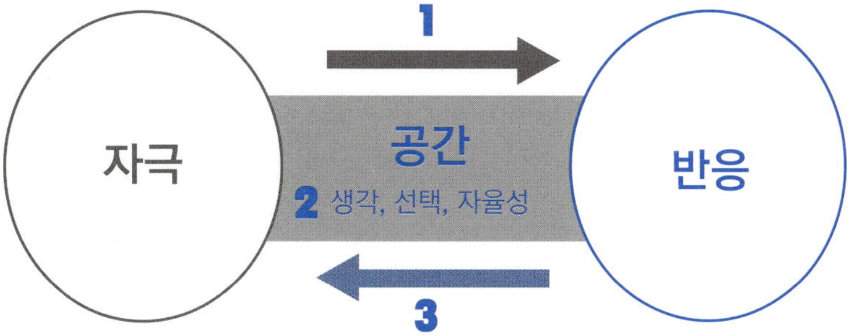

OK-OK 행동을 실행한다.

이 때 공간 안에서 해보면 좋은 몇 가지 질문이 있습니다.

- 나에게 일어난 일이 무엇인가?
- 지금 나는 어떤 감정을 느끼는가?
- 상대는 어떤 감정일까?
- 이 상황에서 내가 원하는 것은 무엇인가?
- 이 상황에서 상대가 원하는 것은 무엇인가?
- 내가 할 수 있는 최선의 선택은 무엇일까?
- 잘 되지 않더라도 이 과정에서 내가 배울 수 있는 것은 무엇일까?

'삶을 변화시킨 질문의 기술'의 저자인 마릴리 에덤스는 반사적으로 반응하지 않는 위와 같은 질문을 학습자적 질문이라고 했습니다. 학습자적 질문은 나와 상대를 승-패의 관계로 결론내리지 않고 승-승 관계를 만들 수 있게 해줍니다. 또 학습자적 질문은 우리가 만든 공간 안에서 최대한 합리적이면서도 내 성장에 도움이 되는 질문이라 할 수 있습니다.

이처럼 우리의 습관적인 자극과 반응 사이에 공간 만들기 훈련을 하게 되면 공간 안에서 과연 무엇이 나와 타인을 위해 좋은 선택인가? 질문하고, 생각하면서 나의 자율성의 영역이 점점 커집니다. 이것이 변화의 시작이고 지혜로운 갈등 해결의 출발입니다.

현장에서의 Q&A

상사와 갈등상황에서 저는 상대의 입장에서 이해하려고 노력하며, 상대와 저의 상황을 객관화하려고 노력합니다. 하지만 이 노력은 저의 일방적 노력이라고 느껴질 때가 있습니다. 상대와의 갈등에서 저는 자극과 반응 사이에 공간을 만들어 보려고 노력하는데 상대가 습관적 반응으로 저를 비난하기만 한다면 어떻게 해야 할까요?

상사가 습관적으로 질문자님을 비난하기만 한다면 그것만큼 속상한 것이 또 있을까요? 다른 사람도 아니고 나에게 영향력이 큰 상사인데 말입니다. 이런 상황이야 말로 자극과 반응 사이의 공간에서 상황을 객관화하고 전략적인 관점 전환이 필요할 때입니다. 다음의 몇 가지 질문을 통해 질문자님의 감정과 생각을 정리해 보고, 합리적 선택을 하시기 바랍니다.

1. 상사와의 갈등 상황에서 현재 나의 감정은 어떻습니까?
2. 서로 감정이 불편하게 된 이슈는 무엇입니까?
3. 상사는 이 상황에서 어떤 감정을 느낄까요?
4. 나는 이 상황이 어떻게 해결되기를 원합니까?
5. 상사는 이 상황이 어떻게 해결되기를 원할까요?
6. 힘들지만 이 상황에서 내가 할 수 있는 최선의 행동은 무엇입니까?

위의 질문들은 우리가 자극과 반응 사이에서 차분하게 할 수 있는 질문입니다. 공간을 둔다는 것은 무조건 참거나 순응한다는 의미는 아닙니다. 힘들수록 상대와 내가 손해보지 않도록 전략적인 사고가 필요합니다. 내 문제일 때는 머릿속으로 생각만 해서는 정리가 되지 않을 수 있습니다. 수첩에 질문에 대한 나의 답을 한번 적어보시기 바랍니다. 적어보고 다듬어 보고, 생각을 정리하면서 공간에서의 판단이 정교해지는 것을 느낄 수 있을 것입니다. 생각이 정리되면 행동에 옮기는 에너지도 생길 수 있으니 하나씩 차근차근 생각을 전개해 나가 보세요.

현장에서의 Q&A

다른 부서 담당자와 서로의 입장 차이로 인한 갈등을 조율하기 위해 미팅을 할 때가 있습니다. 하지만 상대방이 서로의 입장을 이해하기 보다는 이미 정해져 있는 결론을 가지고 밀어 부칠 때는 어떻게 해야 할까요?

현장에서 흔히 겪는 어려움입니다. 겉으로는 대화를 한다고 하지만 실제로 전혀 열린 마음을 갖지 않고, 자신들의 주장만 하는 경우가 많습니다. 제 아무리 열린 마음으로 미팅에 참석한다 하더라도 상대가 유연성이 없으면 짜증도 나고 화도 나는 것이 자연스럽습니다. 만약 서로의 입장 차이로 인한 갈등 조율을 목적으로 진행되는 회의라면 다음의 사항을 기억하시기 바랍니다.

1. 회의 전 회의의 목적을 명확하게 한다. 어려운 주제일수록 회의 초반 미팅의 목적이 새로운 대안을 찾기 위한 것이라는 점을 밝혀 열린 마음으로 다양한 이야기를 할 수 있도록 한다.
2. 이를 위해 회의 초반 가벼운 이야기로 시작하거나 상대방에 대한 공감 등을 통해 아이스브레이킹을 함으로써 회의의 긍정 분위기를 조성한다.
3. 상대가 끝까지 자신의 의견만 주장할 경우, 다음에 회의를 진행하기로 하고 회의를 중단한다. 상대도 생각할 시간이 필요하다. 생각할 시간을 갖지 않고 회의를 계속 진행하게 되면 대안을 미처 준비하지 못한 상대는 끝까지 처음 이야기한 것만 주장할 가능성이 크다.

현장에서의 Q&A

평소에 갈등을 겪고 있는 동료가 있습니다. 그런데 불편한 상황 속에 너무 깊이 빠져 있다 보면 제가 자극을 받았고, 그에 대해 반응하고 있다는 것을 알아차리지 못 할 때가 있습니다. 이럴 때 어떻게 하면 제가 빨리 합리적 생각으로 돌아올 수 있을까요?

맞습니다. 정말 흥분될 때는 내 상황을 인식하기가 쉽지 않습니다. 이런 상황에 잘 대응하기 위해 주로 흥분할 때 나의 몸 상태가 어떻게 변하는지 관찰해 보시기 바랍니다. 목소리가 떨리는지, 머리가 지끈 지끈 아파오는지, 귀가 뜨거워 지는지, 숨이 가파오는지, 뒷 목이 뻣뻣해지는지요.

이렇게 내가 안정적이지 못해서 잠시 멈춰야 할 때 몸의 반응을 느끼면 무조건 물을 마시러 간다든가 화장실을 가는 등 잠시 상황을 피할 수 있는 나만의 방법을 정해 놓으세요. 나만의 루틴을 정해 놓는 것입니다.

그렇지 않으면 우리는 보통 흥분할 때 자신의 감정과 생각을 인식하지도 못한 채 말이 먼저 나가는 경험을 하곤 합니다. 회복하는데 시간과 에너지가 많이 걸리는 갈등은 주로 흥분 상태에서 발생하죠. 저는 이럴 경우 상대에게 잠시만 휴식을 취하자고 제안합니다. "지금 제 컨디션이 좀 좋지 않으니 쉬었다 진행하자"고 한다거나 조금 더 솔직하게 "쉬는 것이 서로에게 좋겠다"고 제안합니다. 그렇게 해서라도 잠시 휴식 시간을 갖는 것은 좀 더 지혜로운 갈등 관리에 큰 도움이 됩니다.

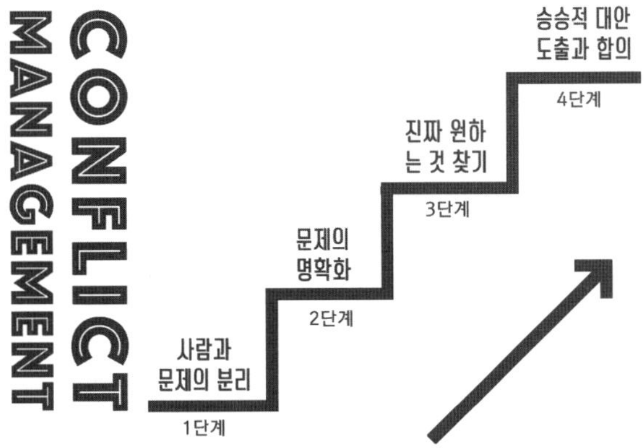
CONFLICT
MANAGEMENT
사람과
문제의 분리
1단계
문제의
명확화
2단계
진짜 원하
는 것 찾기
3단계
승승적 대안
도출과 합의
4단계

2장

갈등관리의 5가지 방식

2-1

우리는 각자 갈등관리 스타일이 있다

여러분은 갈등 상황에서 주로 어떤 해결책을 찾으시나요? 사람마다 각자 갈등 상황을 해결하는 스타일이 있습니다.

제가 한 워크숍에서 만난 팀장님은 이런 말을 했습니다.
"아휴 세상 뭐 있어요? 나한테 아주 큰 피해 오는 게 아니면 양보하고 사는 거지요. 그게 제일 속 편해요. 안 그래요? 길게 보면 그게 이기는 겁니다."

리더들 중에는 이 팀장님처럼 '져주는 것이 이기는 것이다'라고 생각하고 웬만하면 갈등을 이어가지 않으려 하고 습관적으로 양보하는 것을 선택하는 분들이 있습니다.

또 완전히 반대인 분들도 계세요.
"저는 지고는 못 삽니다. 저는 반드시 제 의견을 관철하고야 말아요. 그래서 회의시간에 얼굴 빨개지는 일도 좀 많고요. 주로 제 얘기를 많이 하는 편이죠. 사실 꼭 그게 옳다고 생각하는 건 아닌데 그렇게 살다보니까 저도 모르게 계속 그렇게 되더라고요."

또 다른 경우도 있습니다.
"때에 따라서 상황은 달라지죠. 제가 양보해도 되는 상황이면 깔끔하게 양보하지만 이건 정말 중요하다고 생각하면 때로는 집요하게 물고 늘어질 때도 있습니다."

이처럼 동일한 갈등 상황이라도 사람에 따라 갈등에 대처하는 방식이 다릅니다. 여러분도 최근에 내가 갈등을 겪었던 사례를 한번 떠올려보세요. 그때 나는 어떤 방식으로 갈등을 해결했나요?

최근 내가 경험했던 갈등 상황

나의 대응 방식

저의 이야기를 해볼까요? 저는 갈등을 해결하는 방식에 확실한 변화가 있었습니다. 예전의 저는 갈등 상황의 냉랭한 분위기와 긴장감을 견디기가 힘들었습니다. 그래서 웬만한 문제는 져주고 넘어갔습니다. 주변 사람들은 제게 이해심이 많다거나 착하다는 평을 자주 해주었죠. 양보를 하면 마음이 편했고 그래서 그 자체로 괜찮다고 생각했습니다. 문제는 시간이 지날수록 그런 결정에 대한 만족감은 작아지고, 상대에 대한 원망과 피해의식이 커져갔다는 점입니다. 집에서나 직장에서나 마찬가지였습니다. **'나만 맨날 이렇게 양보해야 해?', '도대체 언제까지 이래야 하지?', '왜 사람들은 단 하나도 손해 보려 하지 않을까?'** 이런 생각과 불편한 감정들이 쌓여 갔습니다. 직장생활의 스트레스가 심해지자 사소한 자극에도 예민한 반응을 보이게 되었습니다. 늘 참던 제가 날카로워지자 상대방도 당황스러워 했습니다.

결국 내가 원하는 것을 명확하게 밝히지 않고 무조건 참는 것은 상대와 나 모두에게 결코 좋은 방식이 아니라는 걸 알게 되었습니다. 사실 제가 선택했던 '참고 무조건 양보하는 방식'은 진심으로 원해서라기보다는 저도 모르게 습관적으로 택한 방식이었습니다. 또는 그런 방식이 저에게 당장은 편했기 때문이었죠. 저도 꼭 하고 싶고 추구하고 싶은 것이 있는데 그것을 계속 주장하지 못하니까 시간이 갈수록 제 안에서 억울함이나 분노, 때로는 무기력감이 커져갔습니다.

이렇게 저에 대해 객관적으로 인식하는 순간 변화가 시작되었습니다. 정말 원하는 것이 있을 때는 그것이 무엇인지를 명확하게 이야기하고, 상대와 원하는 것이 다를 때는 서로 의견을 조율해보려는 노력을 기울이게 됐습니다. 양보를 선택하는 것보다 적극적으로 저의 욕구를 표현하는 것은 어려운 일이었습니다. 평소에 하지 않던 방식으로 커뮤니케이션을 하다 보니 거기서 오는 불편함과 번거로움이 있었습니다. 하지만 무조건 참는 방식을 벗어나 내가 원하는 것을 표현하고, 조율하는 방식으로 변화했다는 것은 제가 좀 더 주도적으로 문제를 해결해 낸다는 점에서 긍정적인 변화라 할 수 있습니다.

한번은 국내의 한 공기업 15개 팀을 대상으로 갈등 워크숍을 진행한 적이 있었습니다. 당연한 이야기겠지만 팀원들은 팀 리더의 갈등관리 스타일에 관심이 많았습니다.

"우리 팀장님은 정말 사람 좋은 스타일입니다. 웬만한 건 다 들어주시고요. 거의 참는 편이세요. 문제는 우리 일이 아닌데도 맨날 다른 부서 일을 가져오신다는 게..."

"우리 팀장님은 절대 져주는 법이 없습니다. 본인 말이 법이에요. 웬만하면 저희는 팀장님이 무슨 말하면 토 달지 않아요. 어차피 답정너거든요."

"우리 팀장님은 굉장히 합리적이세요. 상황에 따라 져줘야 될 때는 확실히 져주기도 하지만 또 본인이 밀고 나가야 된다고 생각하는 건 단호하게 밀고 나갈 때도 있고요. 이 사람 저 사람 이야기 잘 들어 주시면서 합리적으로 문제를 해결하려고 하셔서 저희는 저희 팀장님 존경합니다."

사람마다 성격이 다르듯이 사람마다 서로 다른 갈등관리 스타일을 가지고 있습니다. 특히 팀 리더의 갈등관리 방식은 구성원에게 미치는 영향력이 매우 큽니다.

이제 우리는 나의 갈등관리 스타일을 객관적으로 인식할 필요가 있습니다. 나의 갈등관리 스타일을 객관적으로 인식하게 되면 앞으로 갈등을 해결할 때 습관적으로 사용하던 지배적 방식을 내려놓고, 문제를 해결하는데 더 도움이 되는 갈등관리 전략을 수립할 수 있기 때문입니다. 자극에 대한 습관적 반응이 아니라 내가 반응을 선택하여 좀 더 전략적으로 대응 할 수 있게 되는 것이죠.

2-2

5가지 갈등관리 유형 이해

회피형, 경쟁형, 타협형, 양보형, 협력형

1970년대부터 조직 내 갈등관리 유형에 대한 연구가 시작되면서 많은 학자들이 조직의 갈등관리 유형에 대해 논의하였습니다. 여기서는 조직 내 개인들이 겪는 갈등의 유형을 가장 포괄적으로 제시한 Thomas & Kilmann의 5가지 갈등관리 유형을 살펴보고자 합니다.

Thomas & Kilmann은 상대방 혹은 조직의 요구를 충족시켜 주는데 관심이 있는 협력성과 자신의 요구를 충족하는데 관심이 있는 독단성의 두 차원을 결합하여 5가지 갈등관리 유형을 제시합니다. 5가지 갈등관리 유형은 '괜히 참견했다가 손해보고 싶지 않다' **회피형**, '일단 이기고 봐야지' **경쟁형**, '져주는 게 이기는 거야' **양보형**, '반-반 양보합시다' **타협형**, '허심탄회하게 문제를 이야기하고 서로에게 도움이 되는 결론을 내리자' **협력형**으로 나눠볼 수 있습니다.

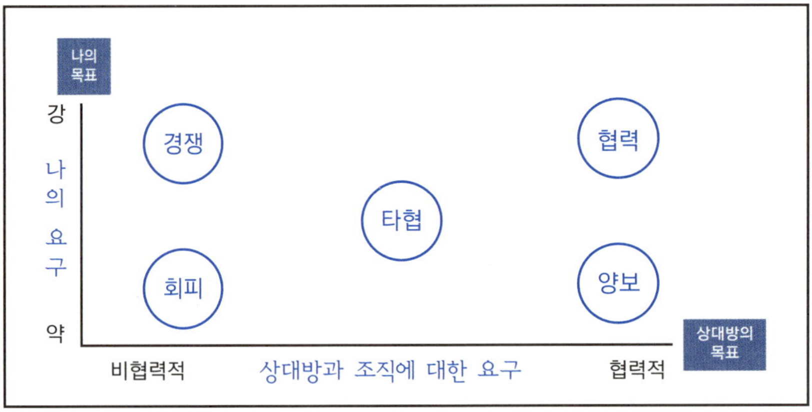

5가지 갈등관리 유형

사람마다 각각의 유형을 사용하는 정도가 다릅니다. 진단 결과를 개인별로 살펴보면 어떤 사람은 한 가지 유형만 상위이고 나머지는 모두 하위인 반면, 3~5가지 유형 모두 중위 이상으로 활용도가 높은 사람도 있습니다. 사람마다 갈등관리 유형의 유연성도 다양한 것이죠.

01 회피형 lose-lose

회피형은 말 그대로 갈등의 상황에서 그 문제를 해결하려 하기 보다는 갈등 문제를 무시하거나 모른 척 회피합니다. 상대방의 요구와 자신의 요구에 큰 관심이 없거나 이기고 지는 것에 관심을 두지 않은 스타일로 갈등과 자신을 거리 두는 경우라 할 수 있습니다. 결과적으로는 자신의 요구도 채우지 못하고 상대방의 요구도 채우지 못합니다. lose-lose

기업에서 회피형을 지배적인 갈등관리 유형으로 사용하는 사람의 분포는 그리 높지 않습니다. 기업 워크숍 진행을 하며 조사해보면 전체 구성원의 약 2~5% 범위 내에서 회피형의 구성원이 나타납니다. 회피형이 지배적인 갈등관리 유형으로 나타난 분들과 인터뷰를 해 보면 대체로 사람들 문제에 큰 관심이 없다거나 갈등을 해결하는데 에너지를 쏟느니 차라리 내 일이나 열심히 하는게 손해 보지 않는 길이라고 생각하는 경우가 많았습니다. 진단 결과 회피형이 대표적으로 높은 분과의 인터뷰 내용입니다.

사실 저는 갈등에 휩싸이고 싶지 않아요. 여기 저기 정신 팔려서 실속 못 챙기느니 그 에너지를 차라리 제 일 제대로 하는데 쓰는 게 낫죠. 그게 저를 위해서도 조직을 위해서도 더 좋다고 생각해요. 어차피 나서서 문제 해결하려는 사람은 많잖아요. #30대 간호사

맞아요. 저는 남 문제에 별로 관심 없어요. 나 살기도 정신없는데 뭘... #40대 직장인

저도 젊었을 때는 적극적으로 의사소통 하려고 애썼습니다. 나름대로 열심히 살았죠. 혈기 왕성할 때야 기운도 넘치고 했으니까 그랬지만 지금은 조용히 지냅니다. 어차피 퇴직도 얼마 안 남았고요. 젊은 사람들 이래라 저래라 하면 잔소리로 밖에 안 듣잖아요. 저도 괜히 싫은 소리 듣고 싶지 않습니다. #50대 직장인

저는 별로 사람들에게 관심이 없습니다. 사람들이 저에게 관심 갖는 것도 싫고요. 그냥 저를 가만히 놔두는 게 저를 돕는 겁니다. 강사님도 저를 그냥 관심 갖지 말아 주세요. #20대 직장인

인터뷰를 통해 알 수 있는 것처럼 성격상 사람들의 문제에 관심이 없는 경우, 과거의 갈등 상황에서 상처받았던 경험 등을 통해 의식적으로 갈등 상황을 회피하는 경우, 또 이 방식이 자신에게 유리하다고 생각하는 경우 등 다양한 이유가 있습니다. 나의 지배적 방식이 회피형이라면 나는 어떤 이유로 이 방식을 사용하는지 생각해 보시기 바랍니다.

02 경쟁형 win-lose

경쟁형은 갈등상황에서 상대방의 요구나 관심사를 충족하는 데는 비협력적이고 반대로 나의 요구를 충족시키는 데는 독단적인 유형입니다. 내가 이기고 상대방이 지기를 원하는 갈등관리 유형입니다. win-lose

물론 이 방식을 취한다고 해서 항상 내가 이길 수는 없습니다. 따라서 경쟁형의 방식을 지배적으로 사용하는 사람들은 갈등 상황에서 이기고자 하는 에너지를 높게 쓰고, 본인이 원하는 방식으로 문제가 해결되지 않으면 패배했다는 생각으로 무기력해지거나 분노의 감정을 느낄 가능성이 높습니다. 조직에서 공식적인 권한이 주어진 관리자가 경쟁형 방식으로 의사소통을 하게 되면 후배 직원들은 대부분 순응할 수밖에 없습니다. 그러나 자발적 순응이 아니므로 억압감을 강하게 느낀 구성원들

은 말을 하지 않는다거나 일을 대충하는 등 우회적인 방법으로 경쟁형에 대항하는 경우도 있습니다. 경쟁형 방식도 사안에 따라서는 필요할 때가 있지만 경쟁형 방식을 지배적으로 사용하게 되면 주변 사람들이 마음을 열고 대화할 일은 점점 없어집니다.

우리나라 기업에서 경쟁형을 우위로 사용하는 인구는 그다지 높지 않습니다. 제가 직접 진행했던 워크숍에서 경쟁형이 1위로 나온 참여자는 전체의 8~10%에 지나지 않습니다. 게다가 공무원 및 교원 조직에서는 더욱 낮은 분포를 보였습니다. 우리나라의 조직 문화상 끝까지 이기려는 모습 자체가 체면 깎이는 모습이라고 생각한다거나 자신의 욕심을 노골적으로 드러내는 것은 좋지 않다는 인식이 있는 것에도 원인이 있습니다. 진단 결과 경쟁형이 높은 분과의 인터뷰 내용입니다.

조직에서 내편이 아니라면 적입니다. 두루뭉술하게 문제를 결론짓고 나면 나중에 다시 그 문제가 발생하죠. 정확하게 나에게 유리한 방향으로 매듭을 지어 놔야 탈이 없습니다. 그래서 저는 갈등 상황이면 피도 눈물도 없습니다. 그냥 가는 거예요. #30대 직장인

저는 제 말이 맞지 않을 때는 주장하지 않습니다. 꼼꼼히 검토해 보고 논리적으로 이야기 하는 거예요. 대체로 사람들은 자기 입장을 얘기할 때 자료도 조사하지 않고, 자기가 무슨 말을 하는지도 모르고 우왕좌왕 합니다. 그럴 때 제가 논리적으로 따지고 들어가면 거의 제가 이깁니다. #30대 직장인

사실 제 성향인데 이기려고 하지 말아야 할 때도 참지 못해서 후회할 일이 많이 생깁니다. 예를 들어서 민원인 상대할 때는 말도 안 되는 소리 하더라도 참고 들어줘야 하는데 저도 습관이 돼서 막 따지고 설명하거든요. 그럼 또 저에 대해서 민원을 넣더라구요. 휴~ #40대 공무원

경쟁형의 방식을 사용하는 이유도 다양합니다. 본래 성격이 지는 것을 못 참아서 그런 경우도 있고, 조직에서 몇 번 양보했더니 결국 돌아오는 것은 내 손해뿐이었던 경험 때문이기도 하고, 가장 합리적이라고 판단이 들어서이기도 합니다. 나의 지배적 방식이 경쟁형이라면 나는 어떤 이유 때문인지 생각해 보시기 바랍니다.

03 양보형 lose-win

양보형은 경쟁형과는 정 반대의 방향으로 욕구를 충족시키는 유형입니다. 갈등상황에서 상대방의 요구나 관심사를 충족시키는 데는 매우 협력적이고 나의 요구를 충족하는 데는 비독단적입니다. 즉 상대가 원하는 것을 들어주기 위해서 나의 이익을 양보하거나 포기하는 방식입니다.

lose-win

양보형 방식을 취하는 사람들은 나의 이익보다는 상대방과의 관계를 우선시 하는 경우가 많습니다. 따라서 나의 이익을 얻지는 못했지만 원치 않는 관계적 갈등은 피할 수 있는 것이죠.

때에 따라 양보형으로 대응하는 것이 문제 해결에 도움이 될 때도 있지만 이 방식만을 주로 사용하게 되면 자신의 요구를 제대로 밝히지 않아 상대방은 내가 진짜 원하는 것이 무엇인지 모른 채 갈등 상황이 정리되기도 합니다. 나는 매번 양보했지만 내가 양보했다는 것조차 상대방이 인식하지 못하거나 이 사람은 본래 원하는 것이 별로 없다고 생각하면서 양보를 당연시하기도 합니다. 또 양보형을 주로 사용하던 사람이 갑자기 자기 의견을 말하기 시작하면 태도가 변했다며 오히려 더 섭섭해 하기도 합니다.

전에 한 외국계 기업의 사원, 대리급을 대상으로 하는 워크숍에서의 일입니다. 양보형에 대한 분석을 진행하는데 한 참여자가 양보형은 직원일 때는 조직에서 선호하고, 관리자가 좋아하지만 리더가 되면 직원들 입장에서는 최악의 상사라는 이야기를 했습니다. 참여한 대부분의 교육생이 모두 강한 공감을 하더군요. 양보형 상사는 타 부서와의 업무 분장에서 강하게 자기 주장을 하지 못하는 바람에 일거리를 잔뜩 떠맡아 온다고 합니다. 결과적으로 후배들만 갖가지 잔일에 시달리며 야근해야 하는 일이 잦다는 것이죠. 진단 결과 양보형이 높은 분과의 인터뷰 내용입니다.

어차피 저희 부서장님 못 이깁니다. 그냥 참고 버티는 수밖에요. 반론 제기하면 목 날아가니까 무조건 YES 해야 해요. #30대 직장인

저는 참는 게 그렇게 어렵지 않아요. 어렸을 때부터 제일 잘 하는 게 참는 거였어요. 오히려 제 의견을 주장하거나 따지려고 하면 몸이 아프고, 제가 더 힘들어서 그냥 제가 편하기 위해 참습니다. 지난번 회의 때 제 얘기를 한번 하려다가 얼굴 빨개지고, 목소리 떨려서 창피해 죽는 줄 알았습니다. #30대 직장인

저희 조직 분위기가 그래요. 서로 양보하고, 다들 바쁘고 힘든 거 아니까.. 조금씩 도와주는 거죠. 그리고 안 된다고 얘기하면 이기적인 사람으로 찍히니까 그냥 평판을 생각해서라도 저는 참는 편이에요. #40대 공무원

다양한 기업의 워크숍을 진행하다보니 기업의 조직문화에 따라 양보형이 40%를 넘는 경우도 있고, 10% 미만인 경우도 있었습니다. 군대식 문화가 여전히 살아 있는 조직인 경우 양보형 방식을 선택할 확률이 높았고, 개인주의의적 성향이 높고, 수평적 조직문화를 지향하는 외국계 기업일수록 양보형의 비율이 낮았습니다. 조직문화도 개인의 갈등관리 유형에 영향을 미치는 것이죠.

인터뷰에서 보셨듯이 양보형 방식을 취하는 이유도 다양합니다. 개인적인 성향상 참는 것이 쉬운 경우도 있고, 독재적 상사 밑에서 적응하기 위해 양보형을 취할 수 밖에 없는 경우도 있습니다. 또 서로 양보하

는 것이 미덕인 조직 문화도 한 몫을 합니다. 내가 주로 사용하는 방식이 양보형이라면 나는 어떤 이유 때문인지 생각해 보시기 바랍니다.

04 타협형 mini lose-mini win

타협형은 상대방이나 조직의 요구와 나의 요구를 조금씩 양보해서 협상을 시도하는 유형입니다. 상대도 나도 서로 원하는 것을 조금씩 포기한다는 측면에서 반승 반패라 할 수 있습니다. mini lose-mini win

대체로 타협은 양쪽 모두가 팽팽한 힘을 가지고 있거나 상대에게 양보하기에는 서로 원하는 바가 강력하고, 방향이 매우 다를 때 선택하는 방식입니다. 갈등 당사자끼리 문제를 해결하지 못할 때 우리는 흔히 제 3자의 도움을 받기도 합니다. 제 3자가 개입해서 서로 조금씩 양보하도록 중재하는데 이것도 타협형에 해당됩니다. 타협형은 갈등이 종료된 후 얻은 것과 잃은 것 사이에서 만족과 불만족이 공존하는 갈등 해결의 방식입니다. 양보형과 타협형 두 가지 방식이 우리나라 직장인들에게 높게 나타나는 갈등관리 유형입니다. 타협형은 갈등 당사자의 서로 다른 요구 사이에서 균형을 유지하며 상호작용하는데 이런 면에서 회피형, 양보형, 경쟁형에 비해서는 좀 더 민주적인 방식으로 느껴집니다. 진단 결과 타협형이 높은 분과의 인터뷰 내용입니다.

한쪽만 손해 보는 건 아니라고 봐요. 나도 양보하고, 상대도 양보하고, 서로 적절한 수준에서 양보를 하는 게 좋죠. 그래야 억울한 마음도 줄어들고요.
#30대 직장인

최대한 합의점을 찾으려고 합니다. 후배들 간에 갈등이 있을 때도 서로 조금씩 양보하게 해서 타협점을 찾아 주려고 해요. #40대 관리자

어느 한쪽만 양보하거나, 어느 한쪽만 완전히 이기는 것은 좀 합리적이지 않다고 생각합니다. 합리적으로 결론을 내리는 게 가장 뒤끝이 없는 것 같아요.
#30대 공무원

앞에서 살펴본 회피형, 경쟁형, 양보형과 비교해보면 타협형은 갈등 해결 과정에서 나와 상대의 욕구에 균형을 이루려고 노력한다는 것을 알 수 있습니다.
그런데 갈등 전문가들은 갈등 해결 과정에서 처음부터 무턱대고 타협형의 모델을 적용하는 것이 안타까울 때가 있다고 합니다. 국제 협상의 자리에서는 양측이 팽팽하게 대립하고 서로 조금의 양보도 하지 않으려 하죠. 워낙 중요한 일들을 다루니까요. 그러다보니 오히려 기계적으로 정확하게 반반 양보하는 선에서 결론이 지어질 때가 있다는 것입니다. 실제로 상대가 정말 원하는 것이 무엇인지 깊이 있게 대화하다 보면 다른 방향에서 해결책을 찾을 수도 있는데 말이죠. 그럼 이제 마지막으로 협력형 갈등 해결 방식으로 넘어가 보겠습니다.

05 협력형 Win-Win

협력형은 협상에서 자신의 요구와 상대의 요구를 모두 충족시키는 방식입니다. 가장 이상적인 갈등 해결 방식이라 할 수 있죠. 협력형은 조직 내에서 갈등이 발생했을 때 왜 그러한 갈등이 생겼는지, 나의 요구 그리고 상대의 요구는 구체적으로 무엇인지 정확하게 파악하려 노력합니다. 그 후 서로의 요구를 충족시킬 수 있는 대안을 찾아 문제를 해결하는 것입니다. 이러한 방식은 좋은 관계를 유지하면서 문제도 해결하는 Win-Win의 방식입니다.

협력형 방식으로 갈등을 해결하기 위해 무엇보다 중요한 것은 갈등 해결의 초반에 나도 좋고 상대도 좋은 방향으로 갈등을 해결하겠다는 의지입니다. '내가 반드시 이기겠다' 또는 '내가 그냥 져주겠다'가 아닌 나와 상대를 동시에 만족시키는 해결책을 찾겠다는 목표가 있어야 합니다. 이 목표가 설정되면 나와 상대가 원하는 것이 구체적으로 무엇인지 충분히 대화하고, 그것을 충족시키고자 머리를 맞댈 수 있게 됩니다.

매리 폴레트1868~1933의 유명한 예화인 오렌지 남매 이야기는 협력형으로 갈등을 풀었을 때 얻을 수 있는 이득을 잘 설명해 줍니다.

늦은 밤 부엌에서 두 남매가 다투고 있습니다. 다툼이 격렬해지고 시끄러운 소리가 나서 부엌에 가보니 오렌지 하나를 가운데 두고 누나와 남동생이 서로 갖겠다고 다투는 것입니다.

"내가 가져가야 돼!", "안 된다니까! 내가 가질거야!"

오렌지는 하나 뿐이니 도저히 결론이 날 것 같지 않은 다툼입니다. 아이들에게 오렌지를 서로 나눠 먹으라고 타이르기도 했지만 남매는 서로 오렌지 하나를 온전히 갖겠다고 우깁니다. 여러분이 이 아이들의 부모라면 어떻게 하시겠습니까? 대부분의 부모님은 서로 양보하라고 타이른다거나 계속 이렇게 시끄럽게 하면 오렌지를 둘 다 못 먹게 한다는 반응을 보이기도 합니다. 아예 오렌지를 반으로 잘라서 나눠준다는 반응도 있습니다. 그런데 매리 폴레트의 예화에서는 도저히 결론이 날 것 같지 않던 두 남매에게 질문을 던집니다.

"너는 왜 오렌지를 혼자 갖겠다고 하는 거니?" 매리는 "왜?"라는 질문을 한 것입니다. "오렌지가 왜 필요하니?"라는 질문이죠. 아이들 중 누나가 말합니다. "항상 내가 양보했는데 이번에도 양보하고 싶지 않아요. 그러니 오렌지 하나 통째로 다 먹을 거예요."

이번에는 동생에게 묻습니다. 그런데 동생의 대답은 좀 다릅니다. "미술 시간에 재료로 오렌지 하나의 껍질을 가져오라고 했단 말예요."

이제 해결방안이 보이시죠? 결국 두 남매는 서로 원하는 것을 온전히 갖고 한밤중 다툼은 끝이 납니다. 여기서 가장 핵심은 갈등 당사자들에게 서로가 원하는 것이 구체적으로 무엇인지 확인하고, 거기에 집중했다는 것입니다.

오렌지 일화에서 보듯이 협력형 갈등해결 방식을 사용하는 사람은 서로 상충하는 요구가 있을 때 그 이유에 집중합니다. 서로 바라는 것이 구체적으로 무엇인지 확인하고, 그것을 충족시키려 노력하죠. 그렇다보니 협력형 갈등해결 방식을 사용하려면 감정을 내려놓고 상대방과 편안하게 대화할 수 있는 환경을 만드는 것이 무엇보다 중요합니다. 갈등 해결을 위한 대화를 진행하는 철학과 스킬도 필요합니다. 이런 대화의 스킬은 아직 우리에게는 익숙하지 않은 부분이죠. 이 부분은 다음 장에서 자세히 살펴보겠습니다.

실제 조직에서 갈등관리 유형에 따른 직무 몰입도나 조직 효능감에 대한 연구들을 살펴보면 협력형이 높을수록 팀 구성원과의 관계가 좋고 업무에 대한 몰입도 잘 되는 것을 알 수 있습니다. 진단 결과 협력형이 높은 분과의 인터뷰 내용입니다.

일단 서로 허심탄회한 대화를 하는 것이 가장 중요한 것 같습니다. 최대한 합의점을 찾으려고 합니다. 후배들 간에 갈등이 있을 때도 같이 앉은 자리에서 양쪽 모두 자기 입장을 많이 이야기하게 합니다. 그러다보면 스스로들 서로에게 도움이 되는 결론을 내리더라구요. #40대 관리자

최대한 이쪽, 저쪽 입장에서 생각해 보려고 합니다. 상사와의 갈등일 때는 이 분의 의중이 무엇인가 곰곰이 생각해 보려고 하고, 충분히 파악이 되었을 때 해결점을 찾고자 노력하는 편입니다. #40대 관리자

2-3

유일무이한 갈등관리 방식은 없다. 도구는 유연하게

손에 들고 있는 게 망치 뿐이라면 세상 모든 문제가 못으로만 보인다.

- 마크 트웨인

그럼 여기서 궁금증이 생깁니다. 과연 어떤 방식이 갈등을 해결하는데 가장 적절할까요? 결론부터 말씀드리면 유일무이한 해결의 방식은 없다는 것입니다. 다섯 가지 방식 모두 필요에 따라 적합할 수 있습니다. 그 갈등이 어떤 상황이냐에 따라 때로는 회피형, 경쟁형, 협력형, 타협형 그리고 양보형이 필요할 때가 있습니다.

물론 나와 상대의 이익을 충족시키는 협력형 방식이야 말로 우리가 추구하고 지향해야 할 방식이지만 조직 내 모든 갈등을 협력형으로 풀어낼 수는 없습니다. 다만 중요한 것은 습관적으로 지배적으로 사용하던 유형을 벗어나 갈등 문제를 객관적으로 인식하고 스스로 적합한 유형을 선택할 수 있어야 한다는 것입니다. '어떤 방식이 이 갈등을 풀어내는데 합리적일까?'라는 질문에 답을 하면서 5가지 도구를 유연하게 사용 할 수 있다면 갈등을 주도적으로 해결할 수 있겠지요.

갈등 상황별		적합한 관리 유형
• 옳다고 확신하는 주요 사안을 **긴급**하게 결정해야 할 때 • **인기가 없는** 주요 사안을 집행해야 할 때	▶	**경쟁형**
• 이슈가 **상대**에게 더 중요한 사안일 때 • 나중을 위해 **신용**을 얻고자 할 때 • 조화와 **안정성**이 매우 중요할 때 • 상대로 하여금 나의 **양보**를 통해 무엇인가 느끼게 할 때	▶	**양보형**
• **이슈**가 사소할 때 • **추가적인 정보** 수집이 필요할 때 • **제 3자**가 보다 효과적으로 갈등 해결을 할 수 있을 때	▶	**회피형**
• 중요 사안 의견 차이에서 더 이상 **설득**되지 않을 경우 • 상호 **배타적 목표**를 가진 집단들이 비슷한 파워를 가질 때 • 복잡한 문제에 대해 **잠정적인 해결책**을 도출할 때 • **시간**이 없을 때	▶	**타협형**
• 매우 **핵심적인 사항**에 대해 의사 결정해야 할 때 • **공감대를 형성**하여 지속적인 관계 유지가 필수적일 때 • **상대의 의견**을 경청하고 반영해야 할 때	▶	**협력형**

갈등 유형별 갈등 관리 방식

회피형이 우세한 경우, 습관적으로 회피형의 방식만 사용하는 것은 장기적으로 좋지 않습니다. 회피만으로 일관하게 되면 더 큰 갈등이 생기고 무책임하다는 피드백이 돌아올 수밖에 없기 때문입니다. 조직의 리더가 회피형이라면 구성원들은 무책임한 리더로 인해 업무적으로도, 인간 관계에서도 수많은 갈등 속에서 허우적댈 것입니다. 팀원이 회피형이라면 리더 입장에서 무책임한 후배가 곱게 보일 리 없습니다.

그러나 그 갈등 이슈가 나에게는 너무나 사소하거나 나 이외에 제 3자가 그 문제를 더 잘 해결할 수 있다면 갈등으로부터 잠시 거리를 두는 것도 좋겠습니다. 또 갈등을 지금 당장 해결하기보다는 좀 더 다양한 자원을 확보하고, 사실 관계를 파악해야 하는 경우도 있습니다. 그 때도 일시적 회피가 도움이 됩니다.

경쟁형이 필요한 경우도 있습니다. 예를 들어 우리 회사가 어떤 사업을 수주해야 한다거나 영업 사원이 자신의 영업 영역을 확장하기 위해 경쟁자와 치열하게 부딪칠 때는 경쟁형 해결을 우선해야 합니다. 때로는 리더가 구성원들이 저항하는 새로운 혁신을 추진할 때도 강력한 밀어붙이기가 요구될 때도 있습니다. 경쟁형 갈등해결 방식은 선택적으로 활용해야 합니다. 이 사안에서 만큼은 나의 요구를 관철시키는 것이 매우 중요하다는 판단이 들 때만 선택적으로 활용하시기 바랍니다. 습관적 경쟁형은 상대를 적으로 만들 수 있고 장기적으로 보면 조직 구성원들의 내적 동기화를 저해하는 결과를 가져올 수 있기 때문입니다.

양보형이 필요할 때는 언제일까요? 상대의 파워가 매우 커서 도저히 자신의 의견을 주장할 수 없는 경우, 우리는 불필요한 에너지 낭비 대신 양보형을 선택하는 경우가 있습니다. 순응 혹은 양보만 하는 것이 장기적으로 나와 조직에 악영향을 미치고 있다면 습관적 양보형은 성찰이 필요합니다. 그러나 그 사안이 나에게는 별로 중요하지 않지만 상대에게는 중요할 경우, 또 지금 상황에서는 조직의 안정과 배려 문화가 더 중요하다고 여겨질 경우에는 자발적인 순응의 방식이 갈등 해결에 도움이 될 때가 있습니다. 양보형 역시 내가 이 방식을 사용하고 있다는 인식이 중요합니다. 혹시 나는 습관적으로 상사에게는 양보형, 후배에게는 경쟁형을 쓰고 있지는 않은지요?

타협형은 더 이상 서로 물러설 곳이 없을 때, 서로의 요구가 서로 팽팽해서 더 이상의 협력이 불가능해 보일 때 사용합니다. 서로 무엇을 포기할 것인지 하나씩 타협해가는 것입니다. 처음부터 타협을 마음먹기보다는 협력을 지향하되 물리적 시간과 대안이 보이지 않을 때 타협을 선택하는 것이 합리적입니다. 무엇보다도 타협을 시도할 때에는 내가 양보할 것과 양보하지 말아야 할 것을 전략적으로 판단하는 것이 중요합니다.

협력형은 갈등을 해결하는 방식 중 가장 장기적인 관점에서 문제를 바라보는 것입니다. 당사자 간의 이해관계를 모두 충족시켜야 하는 상황에서 취하는 방식입니다. 사안의 해결이 급한 경우 리더는 경쟁형으로 후배들을 설득할 수 있습니다. 그에 비해 사안이 장기적이고 전체 조직문화에도 영향을 줄만한 것이라면 동기부여적 측면에서라도 협력형의 방식을 취하는 것이 바람직합니다. 현재 벌어진 갈등 상황을 해결하는 목적이 무엇인지 다시 생각해보시기 바랍니다.

이전보다 돈독한 신뢰관계를 구축하고 향후 갈등을 예방하는 것이 목적이라면 우리는 시간과 노력이 요구되는 협력형의 방식을 취하고자 애써야 합니다. 모든 문제를 협력형으로 해결하기는 힘듭니다. 그러나 나와 상대의 요구를 모두 중요하게 보는 협력형적 관점은 우리가 조직 내에서 만나는 많은 갈등을 해결하는데 장기적 성장의 관점에서 가장 도움이 됩니다.

마크 트웨인의 말처럼 손에 들고 있는 게 망치뿐이라면 세상 모든 문제가 못으로만 보입니다. 내가 취할 수 있는 갈등 해결의 방식이 단 하나라면 세상 모든 문제가 이겨야만 하는 대상이거나 양보해야 할 대상으로만 보일 수 있습니다.

이제 우리는 갈등 상황을 객관화하고, 내가 쓸 수 있는 다양한 도구 중 어떤 도구가 이 상황에 가장 적합할 것인가 판단하고 유연한 방식으로 갈등을 해결할 수 있어야 합니다.

현장에서의 Q&A

저희 팀장님은 경쟁형 갈등관리 유형에 해당하시는 것 같습니다. 그러나 저희 팀원들은 대체적으로 양보형이나 회피형에 해당하다보니 큰 갈등은 없습니다. 웬만하면 팀장님 의견을 따르는 편인데 팀장님께서는 가끔 이런 저희를 수동적이라고 생각하셔서 답답해하십니다. 반대 의견을 제시하는 것보다는 팀장님의 의견을 따르는 게 더 편한데 이럴 땐 어떻게 하면 좋을까요?

팀장님이 경쟁형의 방식으로 일관한다면 팀원들은 양보형이나 회피형을 선택하는 것이 가장 자연스럽습니다. 구성원의 갈등 관리 스타일은 팀 내 리더의 스타일과 상호작용하면서 큰 영향을 받기 때문이죠. 여기서 잠시 팀장님의 생각을 공감해 보겠습니다. 물론 팀장님이 지시하는 방향이 빨리 갈 수 있는 것일 수도 있지만 때로는 구성원들의 생각이 도움이 될 때도 있을 겁니다. 그런 이유로 경쟁형을 일관하고, 우리가 보기엔 독단적이라고 여기는 팀장님도 구성원들에게 각자의 생각을 이야기하라고 요구하는 것이겠죠. 그렇다면 경쟁형의 스타일을 많이 사용하시는 팀장님과 어떻게 하면 건강하게 소통할 수 있을까요?

첫째, 팀장님과 의견이 다를 때 일단 전략적으로 후퇴하세요. 그 자리에서 바로 대립하지 마시고, 조금만 시간을 확보하는 것이 좋습니다. 단 후퇴를 할 때는 팀장님의 생각이 구체적으로 무엇인지 질문하고, 정확하게 파악합니다.

둘째, 다양한 관점에서 이슈를 분석하세요. 최대한 문제를 객관화하면서 다양한 관점으로 문제를 분석하고, 팀장님의 생각과 나의 생각의 공통점도 찾고, 또 다른 대안도 생각해 봅니다. 생각이 정리되었다면 다시 팀장님을 찾아갑니다.

셋째, 팀장님의 의견을 존중하며 나의 생각을 정확하게 이야기합니다. 팀장님의 생각을 공감하면서 공통점과 차이점을 이야기합니다. 그리고 실무자로서 본인의 의견을 대안과 함께 명확하게 설명 드립니다.

실무자로서의 책임성 있는 선제적 보고라면 경쟁형 팀장님도 진지하게 그 의견에 귀 기울일 가능성이 높아질 것입니다.

현장에서의 Q&A

저는 그동안 불편한 상황에서 화를 내거나 감정을 표현하는 것은 좋지 않다고 생각했습니다. 그래서 속으로는 화가 많이 났지만 겉으로 표현하지 않는 훈련을 열심히 했고 오랜 경험이 쌓여서 그런지 사람들은 제 속이야 어떻건 간에 제가 매우 배려심이 큰 사람이라고 생각하는 것 같습니다. 하지만 제 마음이 늘 편안한 것은 아닙니다. 때로는 불편한 마음을 표현하고 싶을 때가 있는데 표현하려고 하면 뭔가 분위기가 어색해 지기 때문에 자꾸 참게 되는 것 같습니다. 어떻게 하면 무조건 참지 않고 제 마음을 잘 표현할 수 있을까요?

갈등을 관리한다는 것이 갈등 상황에서 무조건 참는 것을 의미 하지는 않습니다. 우리가 앞에서 살펴본 갈등 관리의 5가지 방식 회피형, 경쟁형, 타협형, 협력형, 양보형 모두가 우리가 취할 수 있는 것들입니다.

그동안 양보형 위주의 방식으로 갈등을 관리해 오셨다면 이제 내가 만나는 갈등의 상황을 좀 더 객관화 하고 어떤 방식이 적절할 것인가에 대해 생각할 수 있는 공간을 마련해 보시기 바랍니다.

물론 갈등 상황을 객관화 하는 것도, 적절한 갈등 관리 방식을 선택해서 취하는 것도 쉽지 않습니다. 나에게 익숙한 방식대로 갈등을 관리할 때는 큰 어려움이 없지만 익숙한 방식과 거리가 먼 방식으로 관리하고자 할 때는 더 많은 에너지의 소모가 따릅니다.

그럼에도 불구하고 습관대로 반응하지 않고 자극과 반응 사이의 공간에서 객관화와 선택의 과정을 통해 자율성을 확보하는 훈련이 지속되면 후회나 고민보다는 적극적 관리를 통한 자기 만족감을 느낄 수 있을 것입니다.

CONFLICT MANAGEMENT

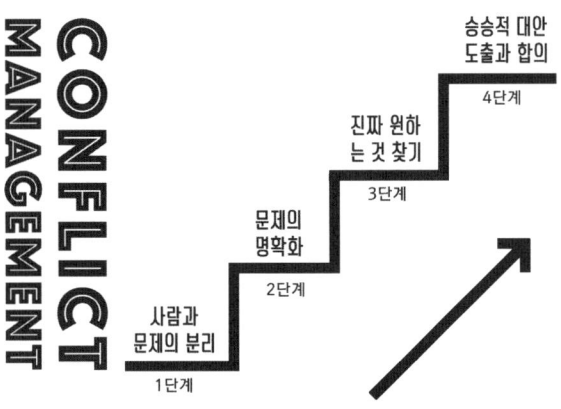

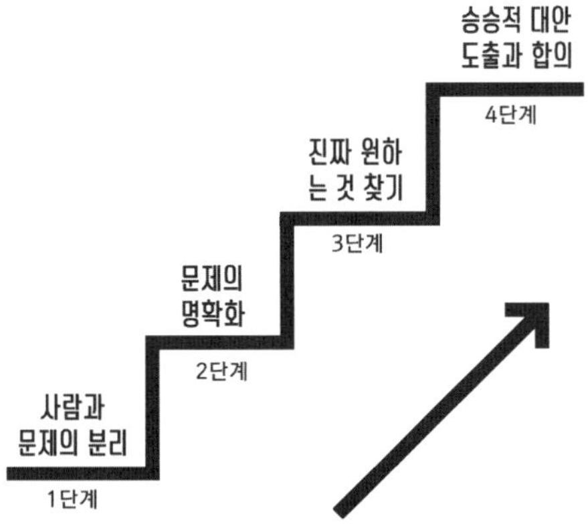

3장

승승적 갈등해결 프로세스

앞서 우리는 갈등을 다른 관점으로 바라보자는 이야기를 했습니다.

〈갈등은 피할 수 없다. 중요한 것은 갈등에 어떻게 대처하는가이다〉라는 것이 우리의 결론이었죠. 갈등 앞에 섰을 때 우리가 지켜야 할 관점은 **〈모두가 승자가 될 수 있다. 갈등은 서로의 차이에서 발생한다. 지혜로운 갈등 관리는 성장을 이끈다〉**입니다. 이러한 관점을 가진다면 우리는 갈등 당사자 모두가 승리하는 승승적 갈등 해결을 이끌 수 있습니다.

그럼 이번 장에서는 구체적으로 어떻게 갈등 해결을 할 것인가, 그 프로세스를 살펴보도록 하겠습니다. 승승적 갈등 해결의 프로세스는 아래와 같이 4가지 단계로 나뉩니다.

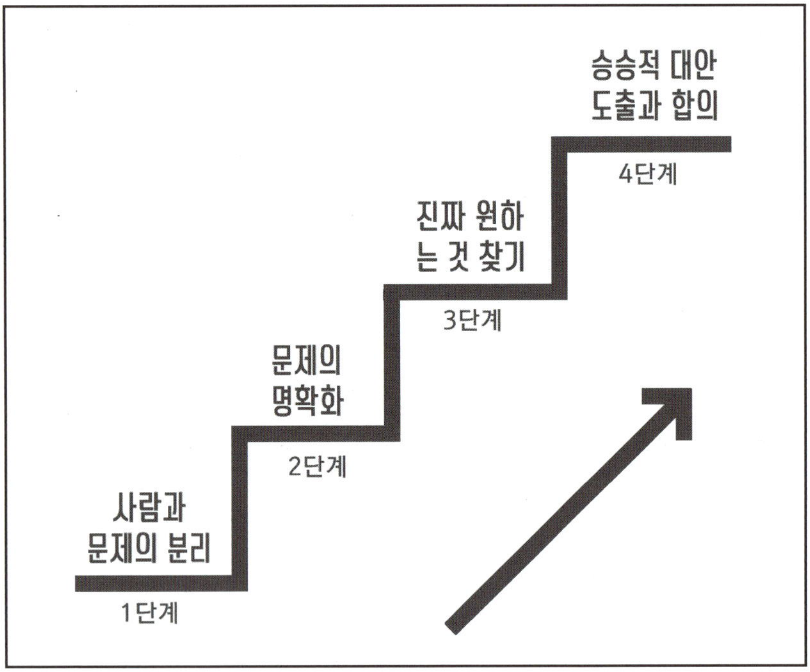

승승적 갈등해결 4가지 프로세스

3-1

사람과 문제를 분리하라

화날 때 말을 하라. 그러면 그것은 언젠가 후회할 최고의 웅변이 될 것이다.

- 로렌스 J. 피터

편견은 내가 다른 사람을 사랑하지 못하게 하고, 오만은 다른 사람이 나를 사랑할 수 없게 만든다.

- 영화 〈오만과 편견〉

최근 자신이 겪은 갈등 사례를 하나 떠올려 보세요. 2장에서 적어본 갈등 사례를 생각해 봐도 좋겠습니다. 그 상황에서 여러분은 어떤 감정을 느끼셨나요? 갈등 상황을 떠올려 보면 그 때 내가 느꼈던 감정이 몇 가지 떠오릅니다. 다양한 감정에 대한 키워드가 떠오르지 않는다면 다음 장에서의 감정 키워드에서 한번 찾아보시기 바랍니다.

갈등 상황에서 내가 느꼈던 감정들 적어보기

갈등상황

내가 느낀 감정

감정 키워드

감동적인	생기있는	열중하는	초조한	심술난
짜릿한	시원한	궁금한	안쓰러운	절망하는
설레는	안심되는	멍한	걱정스러운	예민한
힘이 넘치는	편안한	무심한	불안한	당혹스러운
당당한	한가한	심심한	겁나는	무서운
희망찬	고요한	어리둥절한	지친	고통스러운
흐뭇한	반가운	조심스러운	의기소침한	억울한
뿌듯한	기쁜	망설이는	답답한	화나는
사랑하는	다정한	혼란스러운	슬픈	혐오스러운
자랑스러운	친밀한	놀란	외로운	수치스러운
고마운	재미있는	신기한	허무한	경멸스러운
의심스러운	미운	미안한	서운한	냉담한
샘나는	부끄러운	귀찮은		

출처 학토재, 행복카드-느낌

그 상황에서 나는 어떤 감정을 느꼈나요? 문제를 객관적으로 바라보기에 나의 감정은 충분히 안정적인 상태였나요? 그렇지 않다면 나의 감정은 문제를 해결하는데 어떤 역할을 했을까요?

여러분도 느꼈겠지만 누군가와 갈등을 겪는 상황에서 긍정적 감정을 느끼기는 쉽지 않습니다. 아래의 감정 키워드 중에서도 주로 부정적 감정을 느낄 가능성이 높지요. 그 감정은 문제를 객관화하고 해결하는데 도움이 되지 않습니다. 불편한 감정은 종종 문제를 바라보는 눈을 흐리게 합니다. 문제를 직시하기보다는 감정의 저수지에 빠져 허우적거리게 되는 거죠.

장비의 부품을 조립해서 판매하는 한 기업이 있습니다. 이 회사의 영업팀과 설계팀은 유독 협업이 잘되지 않았습니다. 이 회사는 부품 조립 판매 회사이기 때문에 영업팀은 고객사의 니즈를 파악해서 설계팀에게 주문서를 넘기고 설계팀은 그에 맞춰 조립 설계를 하게 됩니다. 물론 설계팀이 고객사와 직접 협의하는 일도 있지만 대체로 영업팀의 주도하에 설계팀과 고객사와의 미팅이 진행됩니다. 문제는 납품 이후에 발생합니다. 제품을 납품한 이후에 발생하는 A/S는 영업팀이 접수받아 설계팀에게 넘기게 되는데 이 때 매번 설계팀과 영업팀 사이에 언성이 높아집니다. 영업팀은 고객의 A/S를 무조건 빠른 시간 안에 해결해 달라, 설계팀은 우리가 그 일만 하는 게 아니니까 충분한 시간과 절차를 준수해 달라는 것입니다.

제 3자가 보기에는 부서 간에 충분히 있을 수 있는 갈등으로 보입니다.

그런데 이 회사 영업팀과 설계팀은 이미 갈등의 골이 깊어져 서로를 불신하고 얼굴조차 마주 대하기 싫을 정도로 관계가 악화되어 버렸습니다. A/S를 둘러싼 대화 과정에서 서로 감정을 많이 다쳤기 때문입니다. 영업팀은 설계팀이 늘 딴죽을 걸고 해 줄 수 있는 것도 해주지 않는다고 말하면서 설계팀에 대해 화나고 짜증나는 감정을 가지고 있었습니다. 반면 설계팀은 영업팀이 우리들의 사정과 상관없이 입으로만 떠들어댄다며 열

받고 서운한 감정을 갖게 된 것이죠. 이쯤 되면 해결해야 할 고객사 A/S에 대한 일정과 품질에 대한 문제는 사라지고 서로에 대한 불편한 감정이 문제가 되어 버립니다. 이 불편한 감정은 업무의 효율성과 품질을 떨어뜨리는 원인이 됩니다.

이렇다 보니 '**갈등의 핵은 감정**'이라고 할 정도로 감정은 중요한 문제입니다. 감정은 절대 무시할 대상이 아닙니다. 갈등을 해결하려면 감정을 잘 관찰하고 챙겨야 합니다. 감정은 사람들의 행동과 말에 근본적으로 깔려있는 요소이기 때문입니다.

아래의 예화를 한번 보시고, 여러분이 예화 속 중년 여성이라면 어떤 감정을 느꼈을지 감정 키워드 중에서 찾아보시기 바랍니다.

예화 읽고 감정 찾아보기

미국의 어느 작은 마을에서 일어난 일입니다. 한 중년 부인이 고아원을 차려 불쌍한 아이들을 돌보고 있었습니다. 그러나 부인은 형편이 넉넉하지 못했고 그래서 직접 모금함을 목에 걸고 거리에 나가곤 했습니다. 어느 날인가 그 날도 동전 몇 개만 겨우 모은 채, 부인은 어둠이 깔린 거리를 한없이 걷고 있었습니다. 그러다가 고개를 들어보니 네온 불이 화려하게 비추는 술집이 눈에 띄었습니다. 부인은 마지막 희망을 걸고 술집 안으로 들어갔습니다. 술집 안에는 많은 손님이 삼삼오오 무리지어 흥청거리고 있었습니다.

부인은 한 손님에게로 다가가 상냥한 목소리로 "부모 없는 아이들을 도와주세요. 작은 정성이라도 이 아이들에게는 큰 보탬이 된답니다."하고 말했습니다.

그러나 그 손님은 잔뜩 언짢은 표정을 지으며 "뭐야, 귀찮게"하더니 느닷없이 마시던 맥주잔을 들어 부인의 얼굴에 뿌리는 것이 아닌가요?

그 순간 홀 안에 있던 손님들의 시선은 이곳으로 쏠렸고 부인은 흐르는 맥주를

닦지도 않은 채 그 손님을 노려보았습니다. 곧 무슨 일이 터질 것 같은 긴장감이 감돌았습니다.

여기서 잠깐!

여러분이 이 중년 부인이라면 어떤 감정을 느꼈을까요? 또 어떤 생각을 하고 어떤 행동을 취했을까요? 아래의 공간에 적어보시기 바랍니다.

예화 속 중년부인은 다음과 같이 대응했습니다.

그 부인은 치밀어 오르는 분노를 이내 삭이더니 다시 상냥한 미소로 "손님, 손님께서는 저에게 맥주라도 주셨습니다마는 우리 딱한 고아들에게는 무엇을 주시겠습니까?"하는 것이 아닌가요. 부인의 말이 끝나자 또다시 침묵이 흘렀습니다.

곁에서 이 광경을 바라보고 있던 한 노인이 슬그머니 일어나 주머니에서 지폐를 꺼내어 모금함에 넣더니 밖으로 사라졌습니다. 이에 다른 손님들도 부인에게 다가와 역시 모금함에 돈을 넣는 것이었습니다.

그러자 난폭했던 그 손님도 부끄러운 감정을 감추지 못한 채 부인 곁으로 다가와 부인의 손에 자기의 지갑을 쥐어 주며 "부인, 부끄럽습니다. 저의 잘못을 용서해 주십시오. 저는 부인을 진심으로 존경합니다."하며 죄스러운 표정으로 걸어 나갔습니다.

예화 속 중년 부인의 행동에는 어떤 특징이 있었나요? 무엇이 갈등 상황에서 그녀가 원하는 것을 얻게 했을까요? 중년 부인의 행동을 자세히 살펴보면 아래와 같은 흐름을 볼 수 있습니다.

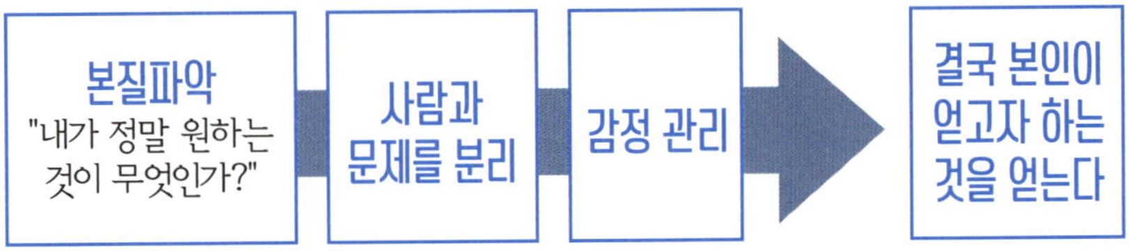

위의 흐름은 우리가 1장에서 살펴봤던 자극과 반응사이의 공간 만들기와 동일합니다. 중년 부인은 자극과 반응사이의 공간에서 자신이 원하는 것에 집중하고, 상대방에게 느끼는 불쾌한 감정에 에너지를 쏟기보다 본인이 해결해야 할 문제에 집중한 것입니다. 이것이 바로 **사람과 문제의 분리**입니다. 만약 이 여성이 순간 느꼈던 모멸감과 창피함, 서운함에 집중해서 "어쩜 이러실 수 있습니까? 최소한 예의는 갖추셔야죠?"라는 방식으로 반응했다면 감정은 감정대로 상하고, 본인이 원하는 것도 얻지 못했을 것입니다. 이러한 이유로 갈등해결의 가장 첫 번째이면서 가장 중요한 단계가 **사람과 문제의 분리**입니다. 다른 말로 표현하면 감정관리입니다. 갈등 상황에서 감정을 제대로 관리하지 않으면 문제를 객관화 하는데 방해가 됩니다. 지혜롭게 갈등을 해결하기 위해서는 우선적으로 불편한 감정을 잘 관리해야 합니다.

갈등 상황에서 감정이 하는 역할을 사례를 통해 살펴보겠습니다. 아래에 박팀장과 이대리, 김팀장과 이대리의 두 가지 대화가 있습니다. 이것을 배우가 대본을 리딩하듯 감정이입하여 소리 내어 읽어보시기 바랍니다. 눈으로만 읽는 것 보다는 소리 내어 읽는 것이 등장인물의 감정에 더 깊게 공감할 수 있습니다.

사례1 됐어요! 그만해요!

박팀장 이대리, 메일로 보내 준 신규과정 기획서 지금 좀 같이 봅시다. 프레젠테이션 기획 과정 전체 모듈 구성이 우리가 얘기한 거하고 좀 많이 달라진 것 같은데 이유가 있어요?

이대리 아 그거요. 팀장님이 의견 주신 것 보다 외부의 김소장님 의견이 더 참신한 것 같아서 제가 한번 수정해 봤습니다.

박팀장 이대리, 지금 이 작업은 참신이 중요한 게 아니라 표준안을 만드는 거예요. 우리가 이 일을 왜 하는지 알고 작업을 해야 여러 번 수정을 안 하지.
참신이 필요할 때가 있고, 안 필요할 때가 있지... 이제 그 정도는 파악할 때 아닌가?

이대리 네?
아... 지난번 작업할 때 좀 더 새로운 아이디어를 넣어보라고 강조하셔서 저는 당연히 이번에도 그게 중요하다고 생각했습니다.

박팀장 흠... 이대리. 이대리가 갓 입사한 사원이에요? 어떻게 번번이 그걸 설명해야 해요? 지난번에는 고객 대상으로 직접 마케팅을 해야 하는 과정이라서 고객에게 어필하는 것이 중요했지만 지금은 상황이 다르잖아요. 이건 클래식하게 표준을 만드는 건데...

이대리	아... 표준이요. 표준이라고 하더라도 우리가 하는 것은 다른 곳과는 달라야 한다고 생각했습니다. 어딜 가나 동일한 표준화된 과정이라면 굳이 고객들이 우리 과정을 선택할 이유가 없다고 생각하는데요.
박팀장	그럼, 이대로 진행할 거예요? 내가 지금 혼자 떠든 건가? 이렇게 수용 안 할거면 김소장하고 작업 하세요. 검토고 뭐고 할 필요도 없겠네.
이대리	제 얘기는 그게 아니고...
박팀장	됐어요. 그만해요. 그 기획안 내가 수정할테니까 넘겨요.
이대리	네... 죄송합니다.

박팀장과 이대리의 사례를 읽어 보신 후 아래의 질문에 대해 생각해 보시기 바랍니다. 현재 박팀장의 감정상태는 어떻습니까? 70페이지의 감정 키워드를 보며 지금 현재 박팀장이 느낄 감정을 찾아 보세요. 여러 개의 단어를 써도 좋습니다.

현재 이대리의 감정상태는 어떻습니까?

둘의 감정은 문제를 해결하는 데 어떤 역할을 했습니까?

이번에는 동일한 상황에서 다른 방식으로 진행된 김팀장과 이대리의 사례를 보겠습니다. 이전 사례 탐색과 동일하게 소리를 내어 읽어 보시고, 사례를 분석해 보겠습니다.

사례2 최대한 해 봅시다!

김팀장 이대리, 메일로 보내 준 신규과정 기획서 지금 좀 같이 봅시다. 프레젠테이션 기획 과정 전체 모듈 구성이 우리가 얘기한 거하고 좀 많이 달라진 것 같은데 이유가 있어요?

이대리 네 팀장님, 지난번 회의 후 김소장님 자문서를 참고해서 제가 나름대로 수정을 좀 해 봤습니다.

김팀장 아 그랬군요. 방향을 많이 수정한 것 같은데 수정에 대한 방향성을 설명해 줄래요?

이대리 초기에 우리가 만든 기획안은 너무 보편적인 내용 중심으로 구성된 것 같아서 김소장님이 주신 의견 중 참신한 내용을 반영해서 기획안의 참신성을 높여 보려고 했습니다.

김팀장 그랬구나. 참신성을 높여보려고 애썼군요.

이대리 네, 지난번에 팀장님께서 그 부분을 강조하시기도 했고, 타사 과정과 차별화 포인트가 있어야 마케팅도 될 것 같아서요.

김팀장 그런 시도는 너무 좋은 것 같아요. 예전에 비해 이대리가 일할 때 생각을 더 깊이 있게 하는 것 같네요. 그런데 이번 과정은 가장 기본적인 표준화 과정이라서 오히려 초기에 만들었던 기획안이 더 취지에 맞아 보이는데...
보통 표준화 과정은 기본 내용 중심으로 보수적으로 가고, 맞춤화된 과정들은 차별화 포인트를 넣어서 고객들에게 소구할 수 있는 포인트를 추가하거든요. 그 부분에 대한 설명을 이대리에게 했어야 했는데 사전 설명을 놓친 것 같네.

이대리	아, 그렇군요. 빨리 하려고 하다 보니 방향에 대한 고민을 팀장님께 미리 말씀을 못드렸네요. 수정 전에 미리 방향에 대해 한번 질문 드리려고 했는데 팀장님 출장 중이셔서 타이밍을 놓치기도 했구요.
김팀장	그러게.. 서로 사전에 충분히 얘기했으면 좋았겠지만 어쩔 수 없고, 기획안 보고가 내일 모레인데 어떻게 수정하면 좋을까요?
이대리	팀장님, 지난번 1차 기획안을 기준으로 오늘까지 제가 수정해 보구요. 그 자료 한번 봐주시고, 피드백 주시면 내일 수정 보완하면 어떨까요?
김팀장	최대한 해 봅시다. 이대리도 열심히 작업한 거 다시 초기 버전으로 돌리려니 아쉽기도 하고 시간도 아깝고 하겠네요.
이대리	아…괜찮습니다. 얼른 해 봐야죠.
김팀장	다음에 또 이런 일이 있을 때는 서로 중간에 여유 있게 점검하면서 진행하자구요. 나도 이대리 진행상황을 더 챙겼어야 하는데 미안합니다.
이대리	아닙니다. 다음부터는 중간보고 진행할게요. 그리고 얼른 마무리 해 보겠습니다.
김팀장	내가 도울 일 있으면 언제든 편하게 얘기하세요.
이대리	네 감사합니다.

현재 김팀장의 감정상태는 어떻습니까? 70페이지의 감정 키워드를 보며 지금 현재 김팀장이 느낄 감정을 찾아 보세요. 여러 개의 단어를 써도 좋습니다.

현재 이대리의 감정상태는 어떻습니까?

둘의 감정은 문제를 해결하는 데 어떤 역할을 했습니까?

여러분은 사례 1과 사례 2에서 어떤 차이를 느끼셨나요?

두 사례를 각각의 등장인물이 느낀 감정 및 대화의 방식으로 구분해서 정리해 보면 다음과 같습니다. 아래의 내용은 갈등관리 워크숍에서 다양한 기업의 학습자들이 의견을 정리한 내용을 요약한 표입니다.

	박팀장과 이대리 됐어요! 그만해요!	**김팀장과 이대리** 최대한 해 봅시다!
감정	**박팀장** 혼란스러운, 초조한, 걱정스러운, 불안한, 답답한, 의심스러운, 화나는 **이대리** 조심스러운, 걱정스러운, 불안한, 서운한, 부끄러운, 당혹스러운, 무서운, 억울한, 수치스러운	**김팀장** 안쓰러운, 걱정스러운, 뿌듯한, 답답한, 고마운, 조심스러운 **이대리** 고마운, 안심되는, 다정한, 열중하는, 조심스러운, 힘이 넘치는, 감동적인
대화의 방식	• 짜증과 화를 표출하는 대화 • 상대를 탓하는 대화 • 함께 해결해야 하는 문제를 보지 못하는 대화 • 이야기를 할수록 부정적 감정이 높아지는 대화	• 감정보다는 문제의 해결에 집중하는 대화 • 상대를 중립적인 관점에서 바라보는 대화 • 이야기를 할수록 문제 해결의 실마리를 찾는 대화
대화의 결과	해결해야 하는 보고서 진행에 오히려 방해가 됨	보고서 마무리를 위해 대안을 찾게됨

두 사례를 대화 주체의 감정, 대화의 방식, 대화의 결과라는 측면에서 살펴보니 짧은 시간동안 주고받은 대화의 질에 큰 차이가 있다는 것을 발견하게 됩니다. 여러분은 회사에서 주로 어떤 경우를 자주 보시나요? 다수의 분들은 **'됐어요! 그만해요!'** 사례가 훨씬 현실적이다, 첫 번째 사례와

두 번째 사례의 차이는 현실과 비현실의 차이라는 이야기를 하곤 합니다. 그만큼 우리는 감정을 제대로 처리하지 못한 채 대화를 하면서 갈등이 심화되거나 없던 갈등도 생기는 장면을 종종 볼 수 있습니다. 자극과 반응 사이에 공간을 두지 못하고, 자극에 대해 바로 습관적으로 반응하는 반사적 대화는 갈등상황에서 승-패, 혹은 패-패의 결과를 가져오기 쉽습니다. 따라서 앞서 우리가 살펴보았던 자극과 반응사이에 공간을 둔 의식적 대화를 위해서는 사람과 문제의 분리, 감정관리가 반드시 필요하다고 할 수 있습니다.

그렇다면 갈등 상황에서의 어떻게 감정을 관리할 수 있을까요? 심리학자들과 의학계에서는 자신의 감정을 조절하기 위한 여러 방법들을 제안하고 있는데요. 여기서는 **Stop-Think-Choose**라는 3가지 감정관리 기법을 살펴보도록 하겠습니다.

STOP

우리가 갈등 상황에 처하게 되면 대체로 감정이 불편해지기 때문에 신체상의 특정한 변화를 느낄 때가 있습니다. 저의 경우에는 심장이 빨리 뛰거나 머리가 어지러워지는 증상이 생깁니다. 사람에 따라서 호흡이 가빠지거나 온 몸이 저리는 경우도 있고 어떤 분들은 얼굴이 빨개지거나 눈 밑이 실룩거리는 경우도 있습니다. 이것은 현재 자신의 감정이 안정적인 상태가 아니라는 것을 알려주는 몸의 신호입니다. 이런 몸의 신호를 빨간 신호등이 켜진 것으로 인식해야 합니다. 지금은 STOP할 때라는 것을 알아차려야 한다는 것이죠.

STOP을 위해서는 그 상황에서 잠시 거리를 두어야 합니다. 한창 대화가 진행되고 있는 중이라면 물을 마시며 시간을 벌거나 화장실을 다녀오는 등의 방법을 써서 잠시 대화를 중단합니다. 상대방에게 솔직하게 **"조금만 쉬었다 대화를 나누자."**고 제안할 수 있는 상황이라면 그것도 좋습니다.

중요한 것은 빨간불이 들어오는 것을 알면서도 멈추지 않고, 대화를 계속 이어가게 되면 사고 날 확률이 높다는 것입니다. 사고는 예방이 최선입니다. 그걸 알면서도 대개는 사고가 난 후에 **'내가 좀 더 조심할 걸, 내가 왜 그랬을까!'** 후회하게 됩니다. 관계에서 사고가 발생하는 것도 역시 마찬가지입니다. 마음 속에 불편함이 생겼을 때 그것을 화나 짜증으로 표출하는 순간 관계는 손상될 수밖에 없습니다. 내면의 신호등에 빨간 불이 들어온다면 **우선 멈춤**이 필수입니다. 빨간 불이 켜진 상태에서 상대에게 건네는 말에는 당연히 감정이 실립니다. 아무리 자기 합리화를 하고 아무리 포장해도 그 때의 말은 상대나 우리 모두를 위한 말이 아니라 내 순간적인 감정 해소를 위한 것이기 십상입니다.

그럼 이제 나만의 STOP 방법을 찾아보겠습니다. 최근에 내가 STOP을 못해서 갈등 상황을 더욱 악화시켰거나 새로운 갈등 상황을 만든 경우가 있었다면 그 당시를 떠올려 보세요. 그리고 그 상황으로 다시 돌아간다면 나는 어떻게 STOP할 것인지 구체적인 방법을 생각나는 대로 적어 보시기 바랍니다.

상황   어떻게 STOP할 것인가?

갈등 상황에서 잠시 거리두기를 했다고 해서 갑자기 감정이 차분해지거나 관리되는 것은 아닙니다. 일시적 STOP 이후 감정이 가라앉고, 이성적인 생각을 할 수 있도록 자신의 감정을 돌봐야 합니다.

Created by Madeleine Bennett from Noun Project

구글의 명상 전문가이자 '너의 내면을 검색하라'의 저자인 **차드멍탄**은 우리의 마음을 스노우 글로브에 비유합니다. 우리의 마음은 끊임없이 흔들리며 움직이는데 마치 스노우 글로브를 흔들면 눈송이들이 떠다니는 것과 같다는 겁니다.

화, 증오, 질투에 의해 크게 흔들릴 때도 있고, 짜증, 불만족, 집중하지 못할 때와 같이 약하게 흔들릴 때도 있습니다. 마음을 안정시킨다는 것은 이 스노우 글로브를 바닥에 내려놓는 것을 의미합니다.

즉 마음을 쉬게 하는 것이죠. 우리가 이야기 하고 있는 STOP이 바로 이것입니다. 스노우 글로브를 바닥에 내려놓게 되면 첫 번째로 고요한 상태calmness가 되고, 두 번째로 청명한 상태clarity가 되는데 이 때 우리는 유리구 내부 전체를 볼 수 있게 됩니다. 우리의 마음도 마찬가지라는 겁니다. 마음이 차분해지고, 청명해지는 것, 이것이 우리가 Stop했을 때 얻을 수 있는 상태입니다.

STOP에 도움이 되는 전문가들의 조언

호흡

호흡은 지금 있는 자리에서 바로 시도해 볼 수 있는 가장 효과적이고 쉬운 방법입니다. 그저 내 코로 공기가 들어오고 공기가 나가는 것에만 집중하면서 가능한 시간 동안 호흡에만 집중하는 것입니다. 시간이 별로 없을 때는 최소 3분 정도만이라도 호흡에만 집중해 보면 몸도 마음도 차분해 지는 것을 느낄 수 있습니다. 일시적이지만 순간적 분노와 스트레스를 조절하는데 좋습니다.

하바드 대학의 **허버트 벤슨** 교수는 집중적인 호흡 수련이 사람들에게 심리적, 생리적 이점을 가져준다는 연구 결과를 발표했습니다. 연구 결과에 따르면 호흡 수련을 하면 사람들에게 불안감을 가져다주는 화학 물질인 젖산의 혈중 농도가 낮아지고, 차분함을 느끼게 해주는 알파파가 증가합니다. 더불어 세로토닌 분비를 도와 정서적인 유연성도 높아진다고 합니다.

- 긍정마음챙김 도날드 알트만 지음, 송단비, 박주원, 임용대 옮김, 블룸컴퍼니, 2018, 38p

호흡을 할 때는 코로 공기를 들이마실 때 공기가 깊숙한 곳까지 들어와 배가 나올 수 있도록 하고, 내쉴 때는 코와 입으로 깊게 내쉬면서 배가 쏙 들어갈 정도로 모든 숨을 뱉어 냅니다. 스트레스 상황에서는 호흡이 가빠지고 가슴으로 호흡을 하거나 아예 숨이 턱 막히며 무호흡 시간이 길어지는 경우가 있는데 이때 숨만 제대로 깊게 쉬어도 일시적인 STOP에 도움이 됩니다.

감정 느끼기

갈등 상황에서 우리가 놓치기 쉬운 것이 나의 감정입니다. 상대방과 주고받은 말은 내가 느낀 감정과 생각의 출구일 뿐, 우리의 가장 빠른 인지적 반응은 감정입니다. 나도 모르게 불쾌한 감정이 든다거나 서운하거나 짜증나는 등 부정적 감정이 들 때 우리는 그 감정을 들여다보기보다는 빨리 잊으려 하는 편입니다. 부정적 감정 자체가 우리를 힘들게 하기 때문에 그런 감정을 빨리 털어 내는 것이 스트레스를 푸는데 도움이 된다고 생각하는 것이죠. 하지만 불편한 감정은 그렇게 간단히 무시할 수 있는게 아닙니다. 없는 존재처럼 모른척하기 보다는 **'아 너라는 감정이 찾아 왔구나!', '너의 이름은 무엇이냐?', '너는 나에게 왜 찾아 왔니?'** 등 감정 자체에 관심을 가지고 살펴보고 충분히 어루만져 주는 것이 오히려 감정을 돌보는데 도움이 됩니다. 감정을 돌보기 위해서 하나하나 단계를 밟는 것이 좋습니다.

Step 1. 그 감정을 느끼기

먼저 그 감정을 들여다봅니다. 내가 지금 감정적인 상태라는 것을 인정합니다.

Step 2. 감정에 이름 붙이기

느껴지는 감정에 이름을 붙입니다. 저는 스스로 주체할 수 없을 정도의 스트레스 상황일 때는 혼자 조용한 곳에서 감정카드 여러 종류의 감정 단어가 적힌 카드를 펼쳐 놓고, 단어를 하나씩 음미하면서 지금 느껴지는 감정을 선택해 봅니다.

Step 3. 감정의 원인을 생각해 보기

그 감정이 나에게 왜 왔는지, 이 상황에서 이 감정을 느끼는 이유는 무엇인지 찬찬히 생각해 봅니다.

이 세가지의 스텝을 밟아가다 보면 감정에 휘둘리기보다는 스스로 자신의 감정을 객관화 할 수 있습니다.

자신만의 공간 찾아가기

2018년 **서울대 소비트렌드분석센터**에서는 대한민국 소비트렌드 중 하나로 '몸과 마음이 지쳤을 때 휴식을 취할 수 있는 나만의 공간을 찾는 경향'을 선정했습니다. 많은 사람들이 스트레스 상황에서 자신의 쉼에 도움이 되는 나만의 공간을 찾아간다는 것입니다. 그런 공간의 존재 유무가 휴식에 큰 영향을 줍니다. 이런 나만의 공간을 스페인어로는 퀘렌시아[Querencia]라고 합니다. 퀘렌시아는 스페인어로 '애정', '애착', '귀소 본능', '안식처'라는 뜻인데 투우 경기장에서 투우사와의 싸움 중에 소가 잠시 쉬면서 숨을 고르는 영역을 말하기도 합니다. 소는 경기 중에 본능적으로 어떤 한 곳을 자신의 피난처로 삼는데 이것은 미리 따로 정하는 것이 아니라 소가 스스로 선택하는 것입니다. 투우사는 퀘렌시아 안에 있는 소를 공격해서는 안됩니다.

우리 역시 퀘렌시아가 필요합니다. 관계에서 오는 스트레스로 몸과 맘이 지쳤을 때 나만의 휴식 공간이 있다면 그 곳에서 그 누구의 방해도 받지 않는 STOP의 시간을 가질 수 있겠죠. 사람마다 자신의 스타일에 맞게 자신만의 공간을 마련하면 됩니다. 굳이 멀리 떠나지 않아도 회사 내에서 내가 조용히 시간을 보낼 공간을 찾는다거나 집에서도 나만의 공간을 마련한다면 그곳이 우리에게 퀘렌시아가 될 수 있습니다. 중요한 것은 그 공간이 얼마나 멋진 곳이냐가 아니라 나에게 어떤 의미가 있느냐 입니다. 여러 연수원과 기업을 돌아다니며 강의를 하는 저는 저만의 퀘렌시아가 고요한 강의장입니다. 강의 시작 1시간 전 쯤 미리 강의장에 도착해서 듣고 싶은 음악을 들으며 혼자 시간을 보낼 때, 그 공간은 저에게 쉼의 공간이 됩니다. 가끔 지방 출장 강의를 가게 될 때는 혼자 지내는 낯선 숙소가 저의 퀘렌시아가 되기도 합니다. 또 집에서는 제 책상이 놓여있는 그 공간에서 제 감정을 느끼고 정리하고 생각을 하곤 합니다. 자신만의 공간은 먼 곳보다는 사무실 내 어느 공간, 집 안의 어느 공간, 내가 일상 생활을 하는 공간 중 어느 한 곳에 마련하는 것이 더욱 좋겠습니다. 일상 생활 속 나만의 퀘렌시아가 있으신가요? 마련하고자 한다면 그 곳은 어디입니까?

마음의 닻 내리기

배가 닻anchor을 내리면 배는 닻과 연결된 밧줄이 허용하는 범위 안에서만 움직일 수 있습니다. 이렇게 배가 정박해 있는 상황에 비유하여 '정박효과' 혹은 '앵커링 효과'라고 불리는 심리학 용어가 있습니다. 사람들이 처음에 제공받은 정보나 상황이 있다면 일단 그것을 기준점으로 생각한다는 것입니다. 처음 접하는 정보가 각인되어 움직이지 않는 닻의 역할을 하면서 이후의 판단에도 강력한 영향력을 발휘할 때, 이를 앵커링 효과로 설명합니다.

이 앵커링 효과를 긍정적으로 사용하는 방법이 있습니다. 들으면 마음이 편안해지는 노래나 보면 기분이 좋아지는 사진이나 그림, 글귀 등이 있다면 그것을 손이 닿기 쉬운 곳에 보관합니다. 그리고 감정을 관리해야 할 때 그 음악이나 사진, 글귀를 듣고 보며 전에 이것들을 통해 내가 느꼈던 편안한 감정을 바로 느껴보는 것입니다. 즉 내 마음의 닻을 그 음악이나 그림에 내리는 것입니다. 음악을 들을 때 느껴지는 차분한 감정 혹은 밝고 힘이 있는 감정 속으로 바로 들어가는 것이죠.

어떤 곳에 닻을 내리느냐는 당연히 사람마다 다르겠죠. 어떤 기업의 과장에게는 세 살짜리 아들의 즐거운 노랫소리가, 한 신입사원에게는 얼마전 다녀온 여행지에서 찍은 멋진 사진이 편안한 감정을 만들어주는 마음의 닻이 될 수 있습니다. 요즘엔 스마트폰을 늘 몸 가까이 두고 있으니 이런 음악이나 사진들을 자신의 스마트폰 한 폴더에 저장하는 것도 방법입니다. 저는 '마음 챙김'이라는 이름의 폴더를 가지고 있습니다. 제 마음 챙김 폴더에는 들으면 마음이 편안해지는 다섯 곡의 음악과 일곱 장의 사진이 들어 있습니다. 힘들 때면 음악을 듣고 사진을 보면서 제 마음을 빨리 원하는 곳에 정박 시키곤 합니다. 비용 들이지 않고 언제 어디서나 STOP 상태를 만드는데 매우 유용한 방법입니다.

Think & Choose

STOP을 통해 감정이 가라앉고 생각할 수 있는 공간이 생겼다면 다음의 질문을 순서대로 스스로에게 해봅니다.

- 이 상황에서 나는 어떤 기분(감정)이 드는가?
- 이 감정은 어디서 비롯된 것일까?
- 이 상황에서 내가 가장 원하는 것은 무엇일까?
- 이 일은 나에게 얼마만큼 중요한 일인가?
- 상대는 이 상황에 대해 어떻게 생각하고 있을까?
- 그렇다면 상대는 어떤 감정(기분)을 느끼고 있을까?
- 상대와 내가 진정으로 원하는 것은 무엇일까?

질문에 대해 생각 정리가 되었을 때 마지막 선택과 관련한 질문을 합니다.

- 그러면 이 상황에서 나는 어떻게 할 것인가?

지금까지 우리는 승승적 갈등 해결 프로세스의 첫 번째 단계인 사람과 문제의 분리에 대해 살펴보았습니다. 갈등의 중심에는 감정이라는 것이 자리잡고 있음을 확인했고, 그 감정을 잘 돌봄으로써 어떻게 사람과 문제를 분리할 것인가에 대해 생각해 보았습니다. 그럼 이제 상대와 내가 공동으로 해결해야 하는 문제를 명확하게 하는 두 번째 단계로 넘어가 보겠습니다.

3-2

문제를 명확히 하라

갈등 상황에서 우리는 함께 해결해야 할 문제가 있습니다. 즉 상대와 나, 둘 다 사람에게 문제의 원인을 돌리는 감정을 가라 앉혔다면 그 다음에는 우리 둘이 해결해야 하는 문제가 무엇인지를 명확하게 해야 합니다.

앞서 살펴본 박팀장과 이대리의 **"됐어요! 그만해요!"** 사례를 살펴볼까요? 이 둘이 함께 해결해야 할 문제는 무엇입니까? 박팀장이 이대리의 업무 미숙을 질책하는 것이 해결해야 할 문제일까요? 아니면 누가 옳은지 따져보는 것이 이 둘이 해결해야 하는 문제일까요? 이 사례에서 박팀장과 이대리가 함께 해결해야 할 공동의 문제는 대화의 초기 주제였던 '**기획안을 제 일정에 높은 수준으로 마무리 하는 것**'입니다. 이것은 박팀장과 이대리가 공동으로 수행하여야 하는 과제인데 지금 그것이 잘 되지 않은 상태입니다. 이 상황에 대해 이야기를 하다가 대화의 주요 방향을 잃고 감정적으로 **"됐어요! 그만해요!"**라는 결론이 내려졌을 뿐 이 둘이 해결해야 하는 공동의 문제는 변함이 없습니다.

"우리가 함께 해결해야 할 문제는 무엇인가?", "우리가 함께 도달해야 하는 목적지는 어디인가?"에 대한 답을 찾는 과정에서 문제를 명확히 할 수 있습니다.

문제를 무엇으로 정의 내리느냐에 따라 갈등 해결의 방향과 전략은 달라질 수 있습니다. 다음의 사례에서 갈등 당사자들의 해결해야 하는 공동의 문제를 찾아보시기 바랍니다.

사례1 성과 평가 결과에 대한 팀장과 구성원의 갈등

강팀장은 12월 7명의 팀원들에 대한 성과 평가를 실시했습니다. 회사에서 제시한 객관적 기준을 바탕으로 공정하게 평가를 하려고 애를 썼습니다. 평가 기간이 종료되고 이의 신청 기간에 한명의 팀원이 이의 신청을 해 왔습니다. 신청 사유는 본인의 실적이 공정하게 평가되지 못하고, 팀장의 주관이 개입되어 하향평가 되었다는 것입니다. 강팀장은 이의 신청서를 보는 순간 팀원에 대한 괘씸한 마음이 들어 썩 감정이 좋지는 않았지만 최대한 객관적인 대화를 나눠야겠다는 다짐을 하고 해당 팀원과 대화를 나눴습니다.

강팀장 김대리, 이의신청을 했더라고. 물론 김대리가 한 해 애썼는데 그에 비해 결과가 서운할 순 있겠지. 하지만 최대한 객관적 기준을 가지고 평가를 했는데 어느 부분이 문제라는 건지 설명 해주면 좋겠네.

김대리 아... 네에 팀장님도 여러 사람 평가 하시느라 애쓰시겠지만 제가 보니까 한대리는 저하고 매출 목표 달성률이나 이익률이 거의 동일한데 저보다 한 등급 위로 평가 받았더라고요. 객관적인 수치가 동일한데 결과가 다른 걸 보니 아무래도 팀장님이 평소에 한대리하고 가깝게 지내니까 그러시나 하는 생각이 들고요. 제가 회식 때 술도 잘 못 먹고 하니까 그러나 싶기도 하고... 사실 좀 서운하고 억울한 마음도 듭니다.

강팀장 김대리... 무슨 말을 그렇게 하나. 설마 내가 그런 이유로 평가에 차등을 뒀을 거라고 생각할 줄은 몰랐는데... 말이 나와서 말인데 김대리 지난 번 우리팀 A사 제안할 때 말야... 물론 제안에서 떨어지긴 했지만 다들 그 제안 준비하느라고 고생할 때 김대리 뭐했어? 그 때 김대리 본인 담당 고객사 지원나간다고 맨날 외근 나가고, 단 하루도 제안에 참여도 안 하고 자기 일 아니라고 몸 사리는 거... 그런 모습이 과연 최선을 다한

모습이라고 할 수 있나?

김대리 팀장님... 지금 그 얘기를 하는 게 아니지 않습니까? 갑자기 그 얘기가 지금 왜 나옵니까? 그럼 팀장님 제가 왜 그랬는지 생각은 해 보셨습니까? 이전에 제가 굵직굵직한 제안 준비할 때 팀원들 한 명도 안 도와줘서 혼자 주말에도 작업하고 했을 때는 아무도 신경 안 쓰시더니... 그래서 제가 지쳤을 거라는 생각은 안 하십니까?

강팀장 김대리는 이게 문제야... 단 한 마디도 안 지고 이런 식으로... 일단 알겠어. 좀 생각해 보지.

강팀장과 김대리의 갈등 상황에서 이 둘이 공동으로 해결해야하는 문제는 무엇일까요? 두 사람이 함께 도달해야 하는 목적지는 어디일까요? 둘의 대화를 객관화하면서 문제를 찾아보시기 바랍니다.

두 사람이 해결해야 하는 공통의 문제는 '**성과 평가 결과의 과정과 결과를 투명하게 검토하고, 필요하다면 조정하거나 조정이 불가능하다면 서로 충분히 납득할 수 있도록 대화하는 것**'이라 할 수 있습니다. 위의 갈등 상황에서 바로 문제를 찾기는 쉽지 않습니다. 서로의 불편한 감정이 갈등 대화를 통해 증폭되면서 문제를 바라보는 시야가 점점 가려지기 때문입니다. 그러나 **강팀장과 김대리가 함께 해결해야 할 문제가 무엇인가? 함께 도착할 목적지가 어디인가?**라는 질문을 통해 공통의 문제를 찾아볼 수 있습니다. 문제가 명확해지면 더 이상 갈등의 대상은 상대방이 아니라 해결해야 할 문제가 됩니다. 사람에서 문제로 관심사와 에너지가 이동하게 되는 것이죠.

사례2 청소해야 하는 엄마와 종이접기를 계속하고 싶은 아들 사이의 갈등

승우네는 집안 청소를 할 때, 엄마와 승우 사이에 종종 갈등이 생깁니다.

엄마 승우야 엄마 청소기 돌려야 하니까 이제 그만 치우자.
승우 엄마 저 지금 재밌게 하고 있는데... 저 좀 더 할 거예요.
엄마 승우야 엄마가 청소기 돌릴 때는 당연히 치워야지. 벌써 2시간도 넘게 놀았잖아.
승우 엄마 저 지금 종이 접기 아직 안 끝났어요. 엄마는 왜 늘 제가 놀고 있을 때만 청소한다고 치우라고 하세요?

어느 집에서나 흔히 일어나는 일입니다. 엄마는 화를 내고 아이는 울음을 터뜨리는 식의 엔딩이 눈앞에 그려집니다. 그런 사태가 벌어지지 않으려면 공동의 해결과제를 찾는 과정이 꼭 필요합니다. 엄마와 승우가 공동으로 해결할 문제는 무엇일까요? 여기서 중요한 것은 공동으로 함께 해결할 문제라는 것입니다. 생각나는 대로 적어 보세요.

물론 엄마 입장에서는 엄마가 청소하는 동안 승우가 종이접기를 마무리하고 모두 정리함에 넣기를 바랄 것입니다. 승우는 본인이 하던 놀이를 계속 하고 싶겠지요. 하지만 엄마와 승우가 함께 해결해야 하는 문제라는 공동의 목표를 생각한다면 **'엄마는 청소를 하면서 승우는 하던 종이접기를 계속 할 수 있는 방법을 찾는 것'**이 될 수 있습니다.

사례3 길을 지나가려는 주민과 못 지나가게 하는 주민 사이의 다툼

다음의 사례는 영화 '선생 김봉두'에 나오는 동네 주민의 갈등 에피소드입니다.

선생님 아니, 왜들 그렇게 싸우세요?

남진 아버지 아니 선생님이요. 내가 저 하우스에 물 좀 뿌릴라고 이 호스를 연결했는데 아 이 자식이 경운기로 호스 위를 지나가는 바람에 호스가 찢어져가지고 이것 좀 보셔요.

석만 아버지 아이 선생님이요. 아이 나는 당장 이거 내다 팔긴데 지나가지 말란 말여?

남진 아버지 내 말은 내가 호스를 깔아 놨는데 왜 내 위를 왔다 갔다 하냐 말여?

석만 아버지 에이 뭐라구? 그럼 나보고 어쩌라는거여?

선생님 아아아... 잠깐만요. 진정 좀 하세요. 진정 좀! 그러니까 남진이 아버님은 하우스에다 물을 대야 되니까 호스를 여기다 놔야 되는 거고, 석만이 아버님은 경운기가 꼭 이 길로 지나가야 된다는 말씀이잖아요. 그것만 해결되면 되는 거잖아요."

남진이 아버지와 석만이 아버지의 격한 갈등을 중재하는 김봉두 선생님이 이미 이 둘이 해결해야 하는 공동의 문제를 정리해 주셨습니다. 이 두 사람이 해결해야 하는 공동의 문제는 무엇인가요? 아래 칸에 생각을 적어보세요.

사례 속 김봉두 선생이 상황을 정리했듯 두 사람이 해결해야 하는 공동의 문제는 '논에 물을 대기 위해 호스를 연결하면서 경운기가 이동할 수 있는 방법을 찾는 것'입니다. 제 3자의 눈으로 대화를 볼 때는 이 둘이 해결해야 하는 문제가 쉽게 보입니다. 하지만 자신의 문제일 때는 당장 주고받는 말에 집중하느라 해결해야 하는 문제가 잘 보이지 않습니다. 문제가 보이기 시작했다면 이제 정말 서로가 원하는 것이 무엇인지 확인하는 다음 단계로 넘어가 보겠습니다.

3-3

나와 상대가 진짜로 원하는 것을 찾아라

갈등 상황이 벌어졌을 때 문제를 제대로 보지 못하고, 부정적 감정에만 휘둘려 말을 주고받다 보면 해결해야 하는 문제는 어디론가 가버리고 서로 감정을 쏟아 붓는 대화를 하기 마련입니다. 위에서 말한 대로 사람과 문제를 분리하고, 함께 해결해야 할 문제가 명확히 보이기 시작했다면 이제 상대와 내가 겉으로 주고받은 말 이면에 서로가 정말로 원하는 것이 무엇인지 생각해 볼 타이밍입니다. 이를 위해 하버드 협상 연구소의 협상 모델에서 제시하는 **입장**Position과 **이해관계**Interest의 개념을 먼저 살펴보겠습니다.

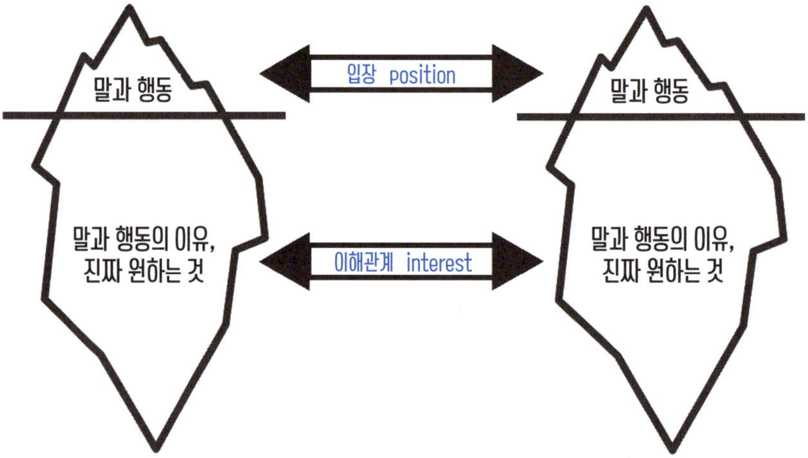

입장 Position과 이해관계 Interest

먼저 **입장**Position은 갈등 상황에서 겉으로 취한 행동이나 말을 의미합니다. 위에 제시한 3가지 사례에서 각 갈등의 당사자들이 했던 말이 자신의 입장이라고 할 수 있습니다. 즉 강팀장과 김대리의 사례에서는 강팀장은 김대리에게 '당신은 한마디도 지지 않고 이런 식으로 말하는 방식이 문제다'라는 지적, 김대리는 '아무도 나를 도와주지 않았던 상황에서 나는 너무 지쳤고, 팀장님의 평가는 불공평하다'고 말한 것이 겉으로 드러난 둘의 입장입니다.

또 엄마와 승우의 사례에서는 '승우 너는 벌써 2시간도 넘게 놀았는데 청소기 돌릴 때는 치워야 한다'고 말하는 엄마와 '왜 내가 놀고 있을 때만 청소기를 돌리냐'는 승우의 말이 서로의 입장입니다.

영화 '선생 김봉두'의 동네 주민들의 다툼에서는 '논에 물을 대야 하니 내 호스를 밟고 지나가지 마라'와 '경운기가 이 길을 꼭 지나가야만 한다'가 서로 대립하는 입장입니다.

이제 **이해관계**Interest를 살펴볼까요? 이해관계는 입장과 달리 그 사람이 그 말과 행동을 취하는 진짜 이유, 정말 원하는 것을 의미합니다. 하버드 협상모델에서는 입장 뒤에 존재하는 이해관계가 갈등의 실체이며, 입장을 벗기면 이해관계가 등장한다고 봅니다.하버드 협상의 기술 로버트 누킨 지음, 김세진 옮김, 21세기북스, 2011 물론 자신이 원하는 것을 제대로 말로 표현하는 대화를 한다면 갈등 문제로 고민할 일은 줄어들 것입니다. 그러나 대체로 자신이 원하는 바, 의도를 제대로 말로 표현하지 못해서 갈등이 발생하는 경우가 많습니다. 지금부터는 이 이해관계라는 단어를 **진짜 원하는 것**이라고 표현하겠습니다. 하버드 협상모델에서 이해관계는 관계갈등 및 감정의 이슈를 제거하고 순수하게 문제해결의 관점에서 서로 원하는 것을 의미하지만 우리는 감정과 관계적 갈등 이슈를 포함한 진짜 원하는 것을 겉으로 주고받은 말 이면의 욕구로 파악하고자 합니다.

그렇다면 위의 사례에서 살펴본 각각의 입장 이면에 서로가 진짜 원하는 것은 무엇이 있는지 생각해 볼까요?

강팀장과 김대리

	강팀장	김대리
입장	• 최대한 객관적 기준을 가지고 평가를 했다. • 김대리가 팀 제안 업무에 협조하지 않고, 본인 업무만 했던 것이 서운하다. • 한마디도 지지 않고 이런 식으로 말하는 방식이 문제다.	• 평가 결과에 서운하고 억울하다. • 그 동안 팀원들의 지원도 제대로 받지 못하고 제안 준비하면서 지쳤다.
진짜 원하는 것	• 김대리의 서운한 마음을 풀어주고 싶다. • 공정한 평가 절차를 제대로 안내하고 싶다. • 김대리의 상황을 구체적으로 듣고 조율이 필요하다면 조율하고자 한다.	• 평가 결과가 그렇게 나온 이유를 알고 싶다. • 서운하고 속상한 마음을 표현하고 위로 받고 싶다. • 한 해 동안 나름대로 열심히 한 부분을 한 번 더 어필하고 평가 결과를 상향 조정할 수 있다면 조정하고 싶다.

엄마와 승우

	엄마	승우
입장	• 엄마가 청소기를 돌릴 때는 당연히 치워야 한다.	• 엄마는 왜 내가 놀고 있을 때만 청소한다고 치우라고 하느냐.
진짜 원하는 것	• 엄마가 청소기를 잘 돌릴 수 있게 협조해 줬으면 좋겠다.	• 지금 하던 종이접기를 마저 하고 싶다.

선생 김봉두의 주민 다툼

	남진 아버지	석만 아버지
입장	• 내가 깔아 놓은 호스 위를 지나가지 말아라.	• 당장 내다 팔려면 이동해야 하니까 지나가야 한다.
진짜 원하는것	• 호스를 사용해서 논에 물을 대고 싶다.	• 경운기로 빨리 농산물을 내다 팔고 싶다.

각각의 사례에서 서로 겉으로 주고받은 말과 행동 이면에 진짜 원하는 것이 무엇인지 생각해 보았습니다. 내가 진짜 원하는 것이 무엇인지 파악하기 위해 스스로 '이 상황에서 내가 원하는 것이 무엇이지?', '어떤 상황이 내가 가장 원하는 결과일까?'라고 질문해 봅니다.

그런데 상대방이 진짜 원하는 것을 찾는 데는 나의 의도를 찾는 것보다 더 많은 시간과 에너지가 필요합니다. 상대방의 입장이 되어 봐야 그가 원하는 것을 알 수 있기 때문입니다. 상대방에게 제대로 공감하지 않은 상태에서 상대방의 의도를 파악하게 되면 내가 기존에 가지고 있던 상대에 대한 판단과 선입견을 가지고 그의 의도를 왜곡할 가능성이 큽니다. 그렇게 되면 그 사람의 선한 의도 보다는 나의 입장에서 바라본 왜곡된 의도를 상대방이 진짜 원하는 것이라고 오해할 수 있습니다. 만약 승우가 원하는 것을 승우 입장에서 생각하지 않고 평소에 엄마가 승우에 대해 가지고 있던 선입견을 가지고 바라본다면 '이 녀석은 어떻게든 엄마가 말하는 것은 반대로 하려고 한다'던가 '맨날 놀 궁리만 한다'고 생각할 수 있습니다. 철저하게 승우가 되어 봐야 승우가 진짜 원하는 것이 무엇인지 알 수 있습니다.

그가 원하는 것이 무엇인지 알기 위해 우리가 취할 수 있는 두 가지 소통의 방식이 있습니다. **첫 번째는 상대방에게 직접 '질문'하는 것입니다.** 이 상황에서 정말 해결하고 싶은 것이 무엇인지? 어떤 상황이 되면 만족할 것인지? 중립적인 질문을 통해 상대가 원하는 것을 충분히 듣고, 수용하는 것입니다. 직접 질문하는 것이 가능한 관계와 상황이라면 추측보다는 중립적인 질문과 경청을 통해 그의 의도를 파악하는 것이 가장 좋습니다.

하지만 질문을 하기 쉽지 않고, 상대가 원하는 것이 무엇인지 내가 스스로 파악해야 하는 상황이라면 **두 번째로 우리가 해볼 수 있는 것은 '공감'입니다.** 남진 아버지는 밭에서 캔 농산물을 빨리 가져다가 팔아야만 되는 석만 아버지의 상황에 공감해 봅니다. 석만 아버지는 깔아 놓은 호스가 찢어져서 지금 열 받고 짜증나 있는 남진 아버지의 상황에 공감해 봅니다. 내가 그 상황이라면 지금 무엇이 가장 급하고, 해결하고 싶은지 생각해 보는 것입니다. 공감의 사전적 의미는 남의 감정, 의견, 주장 따위에 대하여 자기도 그렇다고 느끼는 것을 의미합니다. 상대의 감정이나 의견을 추측하기 보다는 그 상황이 되어 보고자 애쓴다는 뜻입니다. 상대가 원하는 것을 파악하기 위해 우리는 잠시 그 사람이 되어보는 경험을 통해 그의 감정과 의견을 찾아봐야 합니다.

3-4

승승적 대안을 찾고 합의하라

서로 진짜 원하는 것이 무엇인지 찾았다면 남은 것은 서로에게 도움이 될 만한 대안적인 해결책을 찾고, 합의하는 과정으로 넘어갑니다. 서로가 원하는 것을 모두 100% 충족할 수 있는 상황이라면 가장 좋겠죠. 하지만 그럴 수 없는 상황이라면 대안을 찾고, 그 대안에 대해 서로 충분히 공감하고, 합의하는 과정이 필요합니다. 나와 상대 모두가 패하지 않고, 원하는 것을 얻을 수 있는 승승적 대안을 찾는 것이 가장 좋습니다.

승승적 대안은 두 가지로 볼 수 있습니다. 첫 번째는 서로가 원하는 것을 직접 충족하는 것이고, 두 번째는 그것이 불가능할 때 또 다른 제 3의 대안을 찾는 것입니다. 제 3의 승승적 대안을 찾기 위한 전제는 서로가 진짜 원하는 것에 대해 오픈하고, 서로에게 도움이 되는 해결안을 찾겠다는 협력적 자세입니다. 즉 우리가 갈등 해결 과정을 바라보는 기본 철학인 둘 다 이기는 승승적 갈등 해결에 대한 의지가 있을 때 승승적 대안을 찾을 수 있습니다. 계속해서 사례 속 승승적 대안을 찾아보겠습니다.

강팀장과 김대리

	강팀장	김대리
문제	• 성과 평가 결과의 과정과 결과를 투명하게 검토하고, 필요하다면 조정하거나 조정이 불가능하다면 서로 충분히 납득할 수 있도록 대화하는 것	
입장	• 최대한 객관적 기준을 가지고 평가를 했다. • 김대리가 팀 제안 업무에 협조하지 않고, 본인 업무만 했던 것이 서운하다. • 한마디도지지 않고 이런 식으로 말하는 방식이 문제다.	• 평가 결과에 서운하고 억울하다. • 그 동안 팀원들의 지원도 제대로 받지 못하고 제안 준비하면서 지쳤다.
진짜 원하는 것	• 김대리의 서운한 마음을 풀어주고 싶다. • 공정한 평가 절차를 제대로 안내하고 인정 받고 싶다. • 김대리의 상황을 구체적으로 듣고 조율이 필요하다면 조율하고자 한다.	• 평가 결과가 그렇게 나온 이유를 알고 싶다. • 서운하고 속상한 마음을 표현하고 위로 받고 싶다. • 한해동안 나름대로 열심히 한 부분을 한 번 더 어필하고 평가 결과를 상향 조정할 수 있다면 조정하고 싶다.
승승적 대안	**평가 조정이 불가능할 경우** • 강팀장은 김대리의 상황을 충분히 공감하고, 현재의 평가 결과에 대한 구체적인 프로세스를 설명한다. • 이번 평가 결과는 어쩔 수 없지만 내년에 김대리의 좋은 평가를 위한 가이드와 구체적 도움을 약속(요청)한다. **평가 조정이 가능할 경우** • 강팀장은 다시 김대리의 평가 과정을 꼼꼼히 살펴보고, 현재의 평가 결과에 대한 구체적인 프로세스를 설명한다. • 김대리의 상황에 대한 공감 이후 조정이 필요하다고 판단 될 경우 조정, 설명, 합의한다.	

강팀장과 김대리의 경우, 서로 만족할 만한 대안을 찾기는 쉽지 않습니다. 조직에서 연말 성과 평가 결과를 조정하는 것은 평가 과정에서 확실한 오류가 있을 때를 제외하고는 쉽지 않은 일입니다. 상대 평가여서 김대리의 평가 결과가 상향 조정 되면 다른 직원은 하향 조정될 가능성이 있기 때문에 강팀장 입장에서도 매우 난감한 문제일 것입니다. 그럼에도 불구하고 지금 함께 해결해야 할 문제를 중심으로 현재의 평가 결과가 나오게 된 구체적인 과정을 투명하게 오픈하고, 설명하는 것은 매우 중요한 갈등 해결의 절차입니다.
김대리가 그 과정을 통해 본인이 억울하고 속상하게 생각했던 결과에 대해 수긍하고 신뢰할 수 있어야만 이 문제가 해결 국면으로 갈 수 있습니다. 따라서 강팀장은 최대한 상세하게 평가의 과정을 설명해야 합니다.

그러나 아무리 논리적으로 완벽한 설명을 한다 하더라도 속상하고 억울한 김대리의 감정을 공감하고 어루만지지 않는다면 아무 소용이 없을 것입니다. 강팀장의 설명이 김대리에게 잘 와닿게 하기 위해서는 일단 공감이 먼저입니다. 설명하고자 하는 내용은 좀 더 여유를 가지고 하는 것이 좋겠습니다.

김대리 역시 강팀장에게 어필하고 싶은 것이 있다면 감정적 표현을 자제해야 합니다. 먼저 후배를 평가하는 것이 얼마나 어려운 일인지, 게다가 평가 결과에 이의 제기가 있는 상황이 얼마나 난감할 것인지에 대한 공감이 충분히 있어야 합니다. 그 후 자신의 입장을 논리적으로 이야기한다면 대화는 감정의 분출이 아닌 문제 해결의 방향으로 진행될 가능성이 높습니다.

강팀장이 김대리의 이야기를 충분히 듣고, 평가의 과정을 검토해 보니 김대리의 평가 결과를 상향 조정하는 것이 타당할 수도 있습니다. 그렇다면 김대리에게 구체적으로 솔직하게 이야기하고, 상향 조정하는 것에 대해서도 충분히 설명하고 합의해야 합니다. 만일 실수가 있었다면 실수를 인정해야 한다는 거죠. 이런 상황에서도 실수한 부분을 인정하지 않고 끝까지 감정 대립으로 치달을 때 두 사람의 관계적 갈등이 깊어지는 것입니다.

서로 진짜 원하는 것은 전혀 얻지 못하고 의도치 않은 파괴적 결론을 내리지 않기 위해서는 승승적 대안을 찾아 보겠다는 의지가 필요합니다. 강팀장과 김대리가 서로 원하는 것을 얻기 위한 대화, 이렇게 해보면 어떨까요?

승승적 대안을 찾는 강팀장과 김대리의 대화

강팀장 김대리 기대했던 것만큼 결과가 안 나와서 서운하기도 하고 억울하기도 했구만. 게다가 한 대리랑 결과가 비교되니까 더 속상했을 것 같네.

김대리 네... 팀장님도 여러 사람 평가하시느라 힘드시겠지만 제 결과가 나온 과정을 설명해 주시면 좋겠습니다.

강팀장 응 그래. 내가 자세히 설명할 텐데, 설명만 들으면 되겠나? 아니면 김대리가 원하는 게 또 있다면 얘기해 줘.

김대리 일단 설명 듣겠습니다. 저야 평가를 좋게 받으면 당연히 좋겠지만...

강팀장 그래. 김대리 말대로 큰 제안 건들 맡아서 진행하느라 고생했는데 당연히 좋은 평가 받고 싶고 또 받을 수 있으면 좋지. 일단 전체 과정은....

(과정에 대한 자세한 설명) 이런 기준으로 평가를 진행했어. 혹시 질문 있나?

김대리 팀장님 말씀하신 평가 과정은 충분히 이해했습니다. 아시겠지만 제가 승진 년차잖아요. 이번에 평가 잘 받아야 그나마 승진 대상자 안에 들어가는데 조정은 도저히 불가능하겠습니까? 승진 누락 되면 다시 또 1년 기다려야 하고, 내년에 잘 받는다는 보장도 없고요.

강팀장 그렇지 김대리. 그 어느 해 보다도 올해 김대리가 더 많이 신경 쓰일 것 같아. 나도 맘 같아서는 김대리가 승진 대상이기도 하고 해서 어떻게든 잘 조정해 보고 싶어. 여러 번 시뮬레이션도 해봤고, 이렇게 저렇게 그림을 그려봤지만 김대리도 들었다시피 평가 기준이 명확해서 맘처럼 김대리를 챙겨줄 수 있는 상황이 아니야.

김대리 어쩔 수 없죠. 설명해 주셔서 감사합니다.

강팀장 많이 아쉬울 텐데. 뭔가 더 바라는 게 있다면 더 얘기해줄텐가?

김대리 음... 올해는 어쩔 수 없고. 내년이라도 잘 부탁드릴께요.

강팀장 그래 김대리, 내년 평가 때는 내가 설명해 준대로 협업과 동료 소통 부분을 꼭 신경 써서 챙겨보자고. 나도 계속 김대리 진행 상황을 피드백 하도록 할게. 질문 있으면 언제든지 하고.

김대리 네 알겠습니다.

강팀장 김대리가 원하는 만큼 충분히 들어주질 못해 미안하네. 내년에는 중간 중간 피드백하면서 함께 결과를 잘 만들어 보자고.

김대리 네, 신경 써 주셔서 감사합니다.

위의 대화에서 김대리는 본인이 원하는 것을 모두 얻지는 못했습니다. 그러나 내년 평가를 잘 받기 위해 강팀장으로부터 지속적인 도움을 받기로 했습니다. 강팀장도 김대리가 좀 더 신경 썼으면 하는 부분을 구체적으로 요구했습니다. 원하는 바가 무엇인지를 솔직히 말하고 그것을 위해 서로 도움을 주기로 약속하고 대화를 마무리한 것입니다.

엄마와 승우

	엄마	승우
문제	엄마는 청소를 하면서 승우는 하던 종이 접기를 계속 할 수 있는 방법을 찾는 것	
입장	엄마가 청소기를 돌릴 때는 당연히 치워야 한다.	엄마는 왜 내가 놀고 있을 때만 청소한다고 치우라고 하느냐.
진짜 원하는 것	엄마가 청소기를 잘 돌릴 수 있게 협조해 줬으면 좋겠다.	지금 하던 종이 접기를 마저 하고 싶다.
승승적 대안	• 엄마가 청소하는 동안 승우는 청소기 돌리는 데 방해가 되지 않는 식탁으로 이동해서 종이 접기를 마저 한다. • 앞으로 청소기를 돌릴 때는 장소를 식탁으로 이동해서 종이 접기를 하기로 약속한다.	

엄마와 승우 사이의 갈등은 대화만 부드럽게 된다면 얼마든지 승승적 대안을 찾을 수 있습니다. 물론 그 대화의 과정에서 엄마의 감정 관리가 쉽지만은 않을 것입니다. 권력 관계로 본다면 엄마가 승우보다 훨씬 강하기 때문에 엄마가 화를 표현하기가 쉬운 상황이기 때문입니다. 하지만 그럴수록 엄마는 최대한 중립적 감정으로 건강한 대화를 하기 위해 노력해야 합니다. 감정만 잘 챙긴다면 대안을 찾기가 어려운 상황은 아닙니다. 승승적 대안을 찾아나가는 엄마와 승우의 대화의 예시를 살펴볼까요?

승승적 대안을 찾는 엄마와 승우의 대화

엄마 승우야 엄마 청소기 돌려야 하니까 이제 그만 치우자.

승우 엄마 저 지금 재밌게 하고 있는데. 저 좀 더 할 거예요. 저도 종이 접기 마저 해야 해요.

엄마 승우 종이접기가 한참 재미있구나. 엄마 청소에 방해되지 않으면서 너도 종이접기를 하려면 어떻게 하는 게 좋을까?

승우 흠. 엄마 그럼 저 식탁 가서 할게요. 이거 옮기는 것 좀 도와주세요.

엄마 오. 좋은 생각이다. 같이 옮기자. 다음부터 엄마가 청소기 돌릴 때 승우가 바닥에서 뭔가 하고 있으면 항상 식탁으로 옮겨서 하면 좋을 것 같은데?

승우 알겠어요. 대신 엄마도 제가 뭐 할 때는 청소기 돌리는 거 참아주세요.

엄마 그래 최대한 그래볼게.

엄마와 승우는 대화를 통해 서로가 원하는 것을 협의하고 실행에 옮겼습니다. 물론 엄마는 승우에게 식탁으로 가기를 먼저 권할 수도 있었습니다. 하지만 이 상황에서 어떻게 하는 것이 좋을지 승우에게 질문하고 함께 답을 찾아나가는 과정에서, 둘의 관계는 협력적인 관계가 되고 실행력은 더욱 강력해 집니다.

선생 김봉두의 주민 다툼

	남진 아버지	석만 아버지
문제	논에 물을 대기 위해 호스를 연결하면서 경운기가 이동할 수 있는 방법을 찾는 것	
입장	내가 깔아 놓은 호스 위를 지나가지 말아라.	시장으로 이동해야 하니까 지나가야 한다.
진짜 원하는 것	호스를 사용해서 논에 물을 대고 싶다.	물건을 이동해서 빨리 농산물을 내다 팔고 싶다.
승승적 대안	길 위에 있는 호스를 땅에 파묻고, 그 위를 경운기가 지나갈 수 있도록 한다.	

남진 아버지와 석만 아버지의 갈등은 겉으로 보기에 해결하기가 쉽지 않아 보입니다. 일단 둘 다 말의 표현이 거칠고, 화와 짜증이 직접적으로 표출되는 상황입니다. 갈등 당사자들이 감정적으로 잔뜩 흥분해 있어서 제 삼자가 쉽게 중재에 나서기도 어려웠을 것입니다.

영화에서는 어떻게 했을까요? 주인공 김봉두 선생님이 물 대는 호스를 땅에 묻고 그 위로 경운기를 지나게 하는 아이디어를 제시합니다. 갈등의 중재자가 되어 승승적 대안을 제시해 준거죠. 이것은 그야말로 창조적 아이디어라 할 수 있습니다. 두 사람이 원하는 것을 모두 얻으면서 서로에게 전혀 피해가 가지 않는 새로운 대안이니까요.

그런데 여기서 중요한 것이 아이디어 자체였을까요? 남진아버지, 석만아버지 두 주민은 생각지도 못한 것을 머리가 비상한 김봉두 선생이 나서서 척척 해결해준 것일까요? 김봉두 선생이 특별히 똑똑한 사람이어서 그런 대안을 생각해낸 것일까요?

남진아버지, 석만아버지가 그런 대안을 생각하지 못했던 것은 못한 것이 아니라 안 한 것입니다. 어떻게 해야 할까, 무슨 방법이 있을까 고민하지는 않고 '평소에도 맘에 안 들었던 사람한테 내가 절대 질 수 없다.', '저 사람이 나를 화나게 한다, 짜증나게 한다, 억울하게 한다'는 생각만 꽉 차 있었던거죠. 두 사람이 조금만 침착하게 서로에게 도움이 되는 방법을 찾으려 했다면 찾을 수도 있었을 것입니다. 그러나 부정적 감정이라는 장애물은 문제를 확실하게 보는 것도 대안을 찾는 것도 어렵게 만듭니다. 남이 볼 때는 쉬워 보이는 문제가 당사자들 눈에는 보이지 않는 것이죠. 그렇기 때문에 우리는 더욱더 우리가 서로 진짜 원하는 것을 확인하고, 그것을 충족하기 위한 승승적 대안을 찾는 프로세스를 거쳐야 합니다. 문제를 정확히 보면 대안을 충분히 찾을 수 있습니다.

지금까지 우리는 조직 내에서 혹은 일상 생활에서 나와 타인 사이에 발생한 갈등의 상황에서 서로가 승-승할 수 있는 갈등 해결의 프로세스를 한 단계씩 살펴봤습니다.

승승적 갈등 해결 4가지 프로세스

우리가 살펴본 승승적 갈등해결의 4단계 프로세스는 갈등의 당사자가 직접 그 문제를 해결하고자 하는 의지를 가지고 있을 때 적용해 볼 수 있는 갈등해결 방법입니다. 각각의 단계가 언제나 순차적으로 진행되기 보다는 각 단계에서 중요하게 보는 핵심을 파악할 때 해결의 실마리를 제대로 찾을 수 있다는 것입니다.

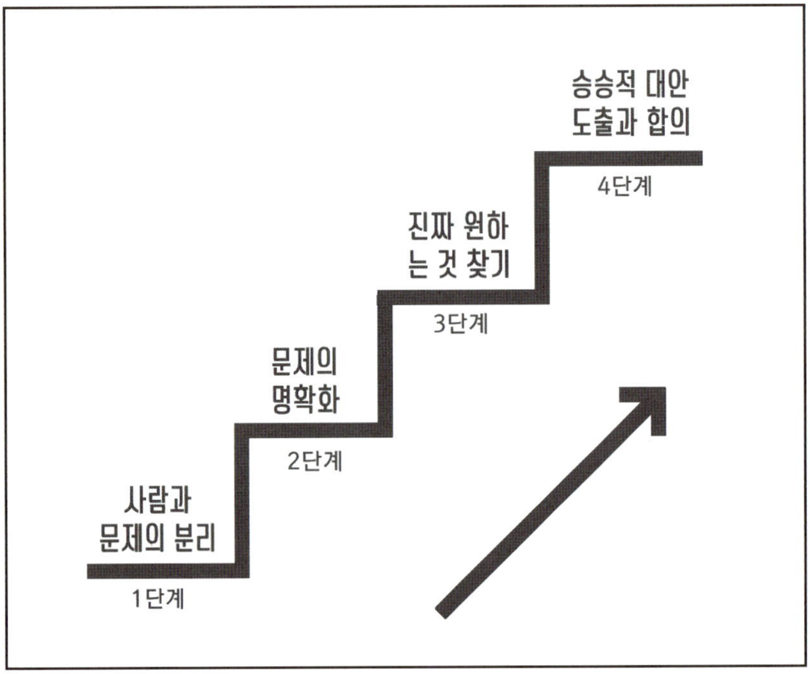

실습! 사례 분석해 보기

1. 75페이지의 **사례1 됐어요! 그만해요!**를 읽어 보세요.

2. 아래 표에 사례를 분석해 보면서 승승적 대안을 도출해 보세요.

	박팀장	이대리
문제		
입장		
진짜 원하는 것		
승승적 대안		

실습2 사례 분석해 보기

나의 갈등 사례를 분석합니다. 지금까지 학습한 4단계 갈등관리 프로세스를 적용하여 승승적 대안을 도출해 보세요.

	나	상대
입장 (position)		
공감할 감정		
진짜 원하는 것 (interest)		
공동의 해결할 문제		
적합한 갈등 대응 방식	( ) → ( )	
승승적 대안 (win-win option)		
기대하는 결과		

현장에서의 Q&A

팀 회의 상황에서 상사와 갈등으로 심장이 떨리고 얼굴이 경직되며 불편한 감정을 느낄 때가 있습니다. 그 상황에서 잠시 거리두기를 하고 싶지만 다른 팀원들도 있고, 시간 제약 상 거리두기를 못한 채 회의를 계속 진행해야 할 때가 있습니다. 이럴 땐 어떻게 하면 좋을까요?

맞습니다. 시간적 여유가 있거나 자기 스스로 컨트롤 할 수 있는 상황이라면 감정 관리가 가능하겠지만, 회의시간이나 1:1 면담시간 등 자극과 반응 사이에 공간두기가 쉽지 않을 때 감정이 올라올 때가 있습니다. 그런데 꼭 그와 같은 상황에서 감정적으로 대응했다가 손해를 보는 상황이 발생합니다. 일단 합리적 대화나 사고가 진행되기 힘든 상황이라 여겨진다면 다음의 방법을 활용해 보세요.

1. 물 한잔 뜨러 잠시 나갔다 온다.
2. 잠시 화장실을 다녀온다.
3. 업무상 급한 전화를 받는 분위기로 잠시 나갔다 온다
4. 1:1 면담이라면 잠시만 쉬었다 하자고 솔직하게 이야기 한다.

그 외에도 여러분만의 방법을 찾아서 잠시라도 멈춤의 공간을 꼭 마련하시기 바랍니다. 단 1~2분의 시간이 관계의 질을 훼손하지 않도록 범퍼의 역할을 해 줄 것입니다.

현장에서의 Q&A

동료와의 갈등상황에서 문제를 잘 해결하고자 질문을 통한 소통을 시도해보곤 합니다. 하지만 습관적으로 제가 진짜로 원하는 것을 정확하게 표현하지 못하고 우회적으로 표현하여 갈등이 시원하게 해결되지 못 할 때가 있습니다. 이럴 때는 어떻게 하는 게 좋을까요?

우리가 원하는 것을 정확하게 표현하지 못하는 이유가 무엇일까요? 질문에서 말씀하신 것처럼 습관적으로 우회적 표현이 익숙할 때도 있습니다. 그래서 중요한 순간에는 어떻게 원하는 것을 이야기할 지 미리 준비를 하는 것도 도움이 됩니다.

또 우리의 명확한 요구 표현을 어렵게 만드는 장애물 중 하나는 솔직한 자기 요구를 말하는 것이 자칫 체면을 깎는 일이라고 생각하는 것입니다. 내가 원하는 것이 나와 우리 팀의 이익을 원하는 것이지만 자칫 그 표현이 이기적이거나 속물적으로 보일 것 같아 주변을 맴도는 경우도 많습니다. 그러나 조직에서 자신의 이익과 구성원의 이익을 위해 원하는 것을 명확하게 표현하는 것은 체면 깎는 일이 아니라 명확한 자기표현 입니다. 나와 공동체의 이익이 되고 스스로 납득이 되는 상황이라면, 불편하더라도 구체적으로 원하는 것을 말하는 훈련을 일상생활 속에서 해보시기 바랍니다.

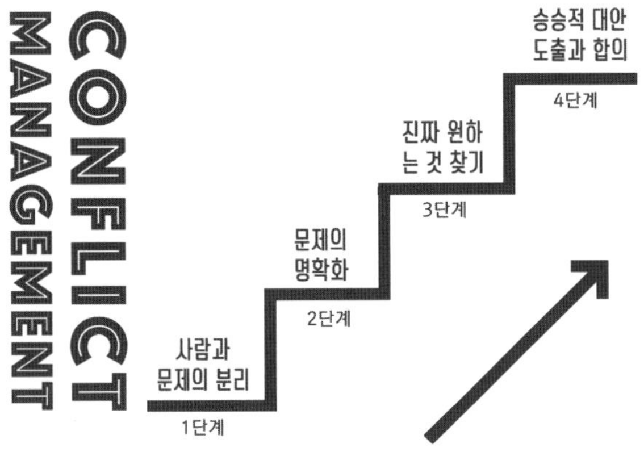
CONFLICT
MANAGEMENT
사람과
문제의 분리
1단계
문제의
명확화
2단계
진짜 원하
는 것 찾기
3단계
승승적 대안
도출과 합의
4단계

4장

갈등, 알면 줄일 수 있다

우리는 늘 심리적 · 업무적으로 갈등이 없는 평온한 상태를 꿈 꿉니다. 그러나 현실은 크고 작은 갈등의 연속입니다. 갈등을 피할 수는 없지만 몇 가지 소통의 기본을 알면 불필요한 갈등을 줄일 수 있습니다. 이번 장에서는 갈등을 예방하는데 도움이 되는 소통법을 살펴보고자 합니다.

4-1

공들인 경청으로 상대를 이해하라

한 기업체 내 여러 팀을 대상으로 팀 단위 갈등 해결 워크숍을 진행한 적이 있습니다. 저는 워크숍 중에 관계를 눈여겨봅니다. 여러 팀을 방문하다보니 팀 내에 누구와 누가 갈등이 있는지, 저 둘의 관계는 좋은지 그렇지 않은지 오래 살펴보지 않아도 한 눈에 파악하는 방법을 터득하게 되었습니다.

워크숍 초반에 팀원들이 돌아가면서 자신의 일상을 짧게 이야기하거나 팀 내 이슈에 대해 솔직한 심정을 이야기 하는 시간이 있습니다. 이 때 말하는 사람을 바라보며 고개를 끄덕이거나 중요한 이야기를 할 때 "아!"하고 추임새를 넣는 사람이 있습니다. A라는 사람이 말할 때 B라는 사람이 이런 자세로 듣고 있다면 두 사람 사이에는 갈등이 없을 가능성이 높습니다. 긍정적인 관계를 유지하고 있죠.

그런데 다른 사람들 이야기는 잘 듣다가 특정인이 이야기를 시작하니 유난히 딴 곳을 본다거나 옆 사람에게 말을 시키거나 전화가 오지 않았는데도 스마트 폰을 만지작거리는 경우가 있죠. 그럼 저는 "아 지금 말하

는 사람과 관계가 불편하구나!"하는 생각을 하게 됩니다. 말하는 사람의 이야기를 어떤 자세로 듣는지만 봐도 둘 사이의 관계가 예측되죠. 그 예측이 실제 관계와 크게 다르지 않는다는 것을 경험적으로 알게 되었습니다.

상대방의 이야기를 잘 듣는 것이 소통의 출발입니다. 때로는 '말하는 것'보다 더 중요한 것이 '듣는 것'입니다. 특히 갈등 상황에서는 더욱 그렇습니다.

원하는 것을 얻기 위해서는 철저히 상대가 되어 생각해야 합니다.
상대의 머릿속을 읽어야 합니다.
그들의 생각이나 니즈 뿐 아니라 감정 상태까지 알고 있어야 해요.
또 상대가 어떤 부분에서 신뢰를 품는지도 파악해야 합니다.
상대에 대한 정보를 최대한 많이, 정확히 수집하는 것이 출발입니다.
그러기 위해서는 잘 들어야 하죠.

- 로버트 누킨

<하버드 협상의 기술>에서 로버트 누킨은 우리가 잘 들어야 이유와 잘 듣는 방법을 설명합니다. 잘 듣는다는 것은 철저히 상대가 되어서 듣는 것입니다. 나의 입장에서 그 사람의 말을 판단하기 보다는 상대의 입장이 되어 그 말이 나오기까지 바탕에 깔린 그의 감정과 생각까지지도 읽어내는 것입니다. 잘 들으면 상대방이 정말로 원하는 것, 말하고자 하는 것을 파악할 수 있습니다. 다음과 같은 '경청'에 대한 정의도 비슷한 맥락입니다.

경청은 상대의 말을 듣기만 하는 것이 아니라, 상대방이 전달하고자 하는 말의 내용은 물론이며, 그 내면에 깔려있는 동기動機나 정서에 귀를 기울여 듣고 이해된 바를 상대방에게 피드백하여 주는 것을 말한다. 이러한 효과적인 커뮤니케이션은 중요한 기법이다.

- 산업안전대사전 최상복 지음, 도서출판 골드, 2004

그런데 현실에서 우리의 듣기는 어떤가요? 상대방이 되어보거나 그 사람의 감정이나 생각을 읽어내는 것은 고사하고 최소한 상대방의 이야기를 끝까지 듣는 것조차 힘들 때가 많습니다. 돈도 들지 않고 별로 힘들 것 같지도 않은 듣기가 잘 되지 않는 이유는 과연 무엇일까요? 우리가 경청하지 못하는 이유, 경청을 방해하는 요소를 하나씩 살펴보겠습니다.

01 경청 방해 요소1 습관적 비몰입

우리 뇌의 용량은 우리가 생각하는 것보다 큽니다. 상대방이 이야기하는 것을 듣는 중에도 뇌의 3/4은 특별한 작업 수행 없이 놀고 있는 상태라고 합니다. 그러니 이때 의도적으로 상대의 말과 감정, 의도에 몰입하고자 하는 의지를 갖지 않는다면 너무나 쉽게 다른 생각 속으로 빠져들게 되는 것입니다.

저 역시 그런 경험이 있습니다. 고객과의 중요한 미팅 자리에서 한참 고객의 요구를 듣는 중이었는데 한 직원이 회의실에 차를 서비스 하러 들어왔습니다. 순간적으로 주의가 흩뜨려지면서 다른 생각이 끼어들었습니다. 그렇다고 고객이 이야기하는 내용을 듣지 않는 것도 아니면서요. 그의 이야기를 다 들으면서도 용량이 남는 저의 뇌는 한쪽에서 다른 활동을 하고 있는 것입니다. 자신이 그렇다는 것을 빨리 깨닫고 다시 듣기에 집중한다면 다행이지만 다른 생각을 하는 것이 습관화 된다면 문제입니다.

최근에는 듣기에 집중하지 못하는 사람들을 더 자주 봅니다. 공식적 회의 자리에서든 가벼운 미팅에서든 누군가 이야기를 하는 중인데도 스마트폰을 계속 확인하는 사람들이 있습니다. 상대방의 이야기가 길어진다 싶으면 아예 듣지 않고 딴 생각을 하는 사람들도 많습니다. 상대를 무시한다거나 이야기가 지루해서 그런 것이 아님에도 본인 스스로도 의식하지 못한 채 습관적으로 비몰입 상태가 되는 것이죠. 상대와 질 좋은 커뮤니케이션을 하고 싶거나 잘 풀리지 않는 문제를 해결해보고자 만난 자리라면 이런 태도가 오히려 상황을 악화시킬 것입니다.

워낙 자극이 많은 현대사회를 사는 사람들은 특별히 노력하고 의식하지 않으면 듣기에 집중하기가 쉽지 않습니다. 습관적 비몰입 상태를 예방하기 위해서는 미리부터 경청할 마음의 준비를 해야 합니다. 스마트폰 등 대화에 방해가 되는 것은 가방에 넣어두는 등 차단할 것을 제안합니다. 부득이하게 꼭 연락을 받아야 할 때는 상대방에게 미리 양해를 구합니다. 알람이 없는데도 스마트폰에 자주 시선을 주는 습관이 있다면 고쳐야합니다.

02 경청 방해 요소 2 판단과 선입견

상대방의 말하고자 하는 의도나 감정을 있는 그대로 듣기 힘든 가장 큰 이유는 듣는 사람이 이미 그 사람이나 상황에 대해 본인만의 판단을 내리고 선입견을 가지고 있기 때문입니다.

프로이드는 우리는 처음에 세상을 이해하기 위해 규칙과 법칙들을 습득하지만 나중에는 그로 인해 왜곡된 시각을 갖게 된다고 말했습니다. 세상은 달라지고 상황이 바뀌는데도 우리는 처음에 습득한 법칙, 그것이 들어맞는 범주를 고수하며 자동적인 사고를 하는 경향이 있습니다. 그것들 중 하나가 바로 선입견입니다. 선입견은 어떤 대상을 처음 접했을 때 형성한 마인드 세트를 나중에 그 대상을 다시 만났을 때도 고수하는 것입니다. 우리가 깊이 생각해 보기 전에 형성된 것이기 때문에 선입견이라고 합니다. 경직되고 왜곡된 선입견을 가지고 있다면 상대방의 이야기를 중립적으로 듣는 것이 불가능합니다.

- **마음챙김** 엘렌 랭어 지음, 이양원 옮김, 더 퀘스트, 2015, 58p

로버트 누킨은 갈등 상황에서 이러한 선입견의 영향을 **기본귀인오류** fundamental attribution error라고 봅니다. 이는 다른 사람의 행동을 해석할 때 상황이나 맥락의 중요성을 간과하고 본래 그 사람의 성격 요소를 과대평가하는 경향을 의미합니다. 로버트 누킨은 기업 간의 분쟁을 조정했던 경험을 다음과 같이 이야기합니다.

"기업들은 상대를 적도 모자라 일종의 '악마'로 규정해 버린다. 상대의 행동을 평가할 때 개인 성향 비겁하다, 배신했다 등 만 과장해 받아들이고, 분쟁의 '상황'은 과소평가해 자신의 장기 이익을 간과하기 때문이다."

- **위클리 비즈** 김남인 기자 2011.11.26
weeklybiz.chosun.com/site/data/html_dir/2011/11/25/2011112501150.html

상대방과 상황에 대해 본인이 이미 판단해 놓은 어떤 가치와 감정이 있다면 이것은 듣기에도 영향을 미칩니다. 당연히 있는 그대로 듣기가 어려워지겠죠. 경청을 위해서는 편견과 선입견을 버려야 하지만 쉬운 일이 아닙니다. 사람은 누구나 자신이 이미 알고 있거나 경험해 본 것으로 타인을 바라보고 평가하기 때문입니다. 그렇다면 내 안에 편견과 선입견이 있을 수 있다는 것을 인정하는 것이 중요합니다. 내 한계를 인정하고 나면 오히려 더 제대로 된 경청을 할 수 있습니다.

어떤 이야기를 할 것인지 예단하는 일 없이 상대의 이야기를 끝까지 들으려면 역시 감정을 앞세우지 말아야 합니다. 상사와 갈등을 겪는 팀원이 있다고 생각해 봅시다. 이 팀원은 상사가 본인의 이름을 부르는 순간 화가 치밀어 오릅니다. 무엇 때문에 불렀는지 듣기도 전에 기분부터 상하죠. 본인이 쓴 보고서를 읽고 있는 것만 봐도 벌써 '**도대체 이번엔 무슨 트집을 잡을까?**'라는 생각이 듭니다. 이런 상태에서는 상사가 아무리 보고서에 대해 도움이 되는 피드백을 주더라도 제대로 수용이 안 됩니다. 상대의 이야기를 잘 들으려면 자신의 감정이 중립적인 상태인지 점검해 봐야 합니다. 감정적인 판단, 왜곡된 선입견이 경청을 방해합니다.

03 경청 방해 요소 3 듣기보다 말하는 것에 집중

어느 날 저는 카페에서 노트북을 켜 놓고 원고 작업을 하고 있었습니다. 점심시간이 되자 인근 직장인들이 커피를 마시러 와서 무리지어 옆 테이블에 앉았습니다. 자연스럽게 그들의 대화가 귀에 들렸습니다. 잠깐 대화를 들었을 뿐인데 마음이 답답해져 저도 모르게 한숨이 나왔습니다. 그들의 대화는 대화라기보다는 '말하기 대회'에 가까웠기 때문입니다. 한 사람의 말이 끝나기도 전에 저 쪽에서 다른 사람이 말을 끊고 들어오거나 한쪽에서 심각한 말을 하고 있는데 갑자기 화제를 전환하는 농담을 던집니다. 누군가 진지하게 고민을 이야기했지만 **"그런 고민 하나도 소용없다."**는 면박이 돌아왔습니다. 그런 주고받음이 없는 일방적인 대화가 30분 정도 이어지다 다들 우르르 일어나 나갔습니다. 그 분들의 뒷모습을 보며 '**모두 말이 고팠구나!**'라고 혼잣말을 했습니다. 다들 힘들게 직장생활하면서 동료들과 차 한 잔 두고 이야기도 나누고 공감, 위로도 받고 싶었을 텐데요. 모두들 공감을 받고 싶은 마음만 있지 다른 사람에게 공감해줄 여력은 없었나 봅니다.

사무실에서 진행되는 회의도 카페에서의 모습과 크게 다르지 않습니다. 누군가 자신의 의견을 이야기하면 그 이야기에 대한 공감이나 첨언 등이 없습니다. 다른 사람이 바로 자신의 의견을 이야기합니다. 성격 급한 상사는 팀원이 의견을 이야기 하는 도중에 말을 끊어버리기도 합니다. 이런 말 끊기가 반복되면 분위기는 냉랭해지죠. 회의에 참석하는 사람들은 본인이 할 이야기를 준비해오는 것이 회의 준비라고 생각합니다. 할 이야기는 준비해오는데 들을 준비는 해오지 않는 것입니다. 업무적 대화에서는 듣기보다는 많이 말하는 쪽이 이기는 것이라고 생각하는 것일까요? 그러나 잘 듣고, 생각을 집중하며 신중하게 말하는 한 마디가 혼자서만 떠드는 열 마디보다 더욱 강력하고 영향력이 있습니다. '말하는 것이 이기는 것'이 아니라 '잘 듣는 것이 소통의 기본'이라는 믿음이 필요합니다. 우리는 말을 하기 위해 소통하는 것이 아니라 서로의 의견을 주고받으며 목표하는 바를 이루기 위해 소통하는 것입니다.

이상에서 말할 바와 같이 경청을 방해하는 세 가지 요소는 '**습관적 비몰입**', '**판단과 선입견**', '**듣기보다 말하기에 집중하는 것**'입니다. 이런 방해 요소를 없애고 잘 듣기 위해 우리에게는 다음과 같은 노력이 필요합니다.

경청을 위한 핵심 Tip 5

1. 듣기에 몰입하려면 사전에 방해 요소를 차단하고, 집중하는 자세를 보인다.

- 스마트폰 등 대화에 방해가 되는 요소는 미리 차단한다.
- 부득이하게 연락을 받아야 할 때는 상대방에게 양해를 구한다.
- 중요한 대화일 경우 메모 도구를 챙긴다.

2. 듣는 중간에 판단하지 않고 끝까지 호기심을 갖고 듣는다.

- 무슨 말을 할 것인가에 대해 생각하지 않고 온전히 듣기에 집중한다.
- 상대방의 말이 끝나기 전까지는 판단하지 않고 완전하게 들어본다.
- 그로 인해 잠시 공백이 생기더라도 듣는 것이 우선이다.

3. 듣고 있다는 것을 적극적으로 표현한다.

따라하기

중요한 단어나 메시지가 있을 때는 그 단어를 따라서 말한다. 중요한 단어를 따라하는 것만으로 듣기에 집중하게 된다. 이를 반영적 경청이라고 한다.

A 제가 어제 그 친구를 만나러 군산에 다녀왔거든요.
B 아 군산에요?
A 네 벌써 세 번째죠.
B 세 번째군요.

공감하기

듣는 도중 상대방의 감정과 생각이 느껴진다면 공감한다. 공감은 동의와는 다르다. 상대의 감정·의견·주장에 동의하지 않더라도 상대의 입장이 한 번 되어보는 것이다. 공감의 표현은 상대가 자신의 이야기를 좀 더 적극적으로 편안하게 하도록 촉진한다.

후배 선배님, 저 정말 회사 그만두고 싶은 마음이 굴뚝 같습니다. 어떻게 저보다 2년이나 늦게 입사한 효정씨가 먼저 대리승진을 할 수 있나요. 저는 정말 한다고 했는데 모든 의지가 다 꺾이네요.

선배 그래 얼마나 속상하겠니. 한다고 했는데 상황이 이러니 나라도 그럴 것 같다.

이해한 바를 요약하기

긴 이야기를 모두 듣고 난 후 자신이 이해한 바를 간략하게 요약한다. 이것은 자신이 제대로 잘 들었는지 확인하는 과정이다. 말한 사람 역시 듣는 사람에게 신뢰를 갖게 된다.

4. 확실하지 않다면 질문한다.

상대방의 이야기를 듣는 도중 의미가 명확하지 않거나 이해가 잘 되지 않을 때는 질문을 한다.

- 제가 00이라는 단어가 이해가 잘 안 돼서 그런데 조금 더 설명해주시겠어요?
- 저는 00이라고 이해하고 있는데 제가 제대로 이해하고 있습니까?

5. 몸으로도 듣고 있음을 표현한다.

상대방과의 눈맞춤, 고개 끄덕임, 중요한 메시지 메모하기 등을 통해 상대방이 **"이 사람이 내 이야기를 듣고 있나?"** 궁금해 하지 않도록 한다. 적극적으로 경청하고 있다는 태도를 보여주면 상대방도 더 적극적으로 말하게 된다.

이상에서 말한 바와 같이 몰입해서 끝까지 듣고 이해가 가지 않는 부분은 질문하면서 공들여 경청한다면, 경청 자체가 갈등 상황에서 해결의 실마리를 잡는 중요한 도구가 될 것입니다.

메러비안의 법칙

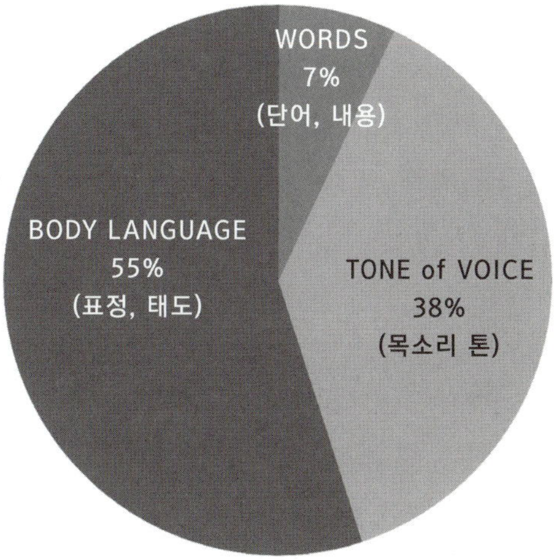

대화는 언어적 표현과 비언어적 표현으로 구분해 볼 수 있는데 전문가들은 늘 비언어적 표현의 중요성을 강조합니다.

1971년 UCLA 심리학과 명예교수인 앨버트 메러비언은 커뮤니케이션 이론을 한 단계 발전시킨 중요한 연구 결과를 내놓았습니다. 그는 대화하는 사람들을 관찰, 상대방에 대한 호감을 느끼는 순간을 포착하여 누군가와 첫 대면을 했을 때 그 사람에 대한 인상을 결정짓는 요소메시지의 전달 요소를 분석했습니다. 연구 결과에 따르면, 인상을 결정짓는 요인은 상대방의 말의 내용이 아니라 이미지였습니다. 그 사람에 대한 호감과 비호감을 결정하는데 목소리는 38%, 보디랭귀지가 55%표정이 35%, 태도가 20%의 영향을 미친 반면, '말하는 내용' 그 자체는 겨우 7%의 영향만 있었다고 합니다. 전화로 상담할 때에는 목소리의 중요성이 82%로 올라갔습니다.

대화에서는 말의 내용뿐 아니라 태도 즉 표정, 제스처, 자세 등도 중요한 표현 요소임을 알아야 할 것입니다.

- 〈SLIENT MESSAGES〉 앨버트 매러비언, 1971

평소 나의 경청 습관 성찰하기

지금까지 제시한 경청하기 내용을 정리해보고 그것을 기초로 평소 나는 듣기는 어떤지 성찰해 봅시다. 과연 나는 잘 듣고 있는지, 조금 부족하다면 변해야 하는 부분은 무엇인지 작성해보세요. 자기 객관화를 위하여 평소에 대화를 나누는 동료에게 들을 때의 내 자세는 어떤지 질문해 보는 것도 좋겠습니다.

질문 예시

평소 대화할 때 제가 경청을 잘하고 있다고 느껴지는 것은 무엇입니까? 혹시 말하는 것을 불편하게 하거나 흐름을 방해하는 저의 듣기 습관이 있다면 무엇입니까?

잘 하고 있는 것	좀 더 보완할 것

4-2

추측 말고 질문하라

갈등은 추측에서 시작되는 경우가 많습니다. 상대방의 행동이 이해가 가지 않을 때 우리는 질문하기보다 내 입장에서 판단하고는 마치 그것이 객관적인 사실인 양 할 때가 있습니다.

"팀장님이 그렇지 뭐, 언제는 우리 생각한 적 있어?"
"다 실적 때문이겠지. 아무리 실적이 중요해도 뭘 그렇게까지 해?"
"요즘 신입사원들은 뭐든지 웬만하면 빠지려고 하니까..."

어떤 행동이나 이슈에 대해 객관적인 상황 파악을 위한 질문을 하기보다는 추측하는데 익숙합니다. 추측에는 당연히 그 상황이나 사람에 대해 형성된 선입견이 개입합니다. 그러나 갈등 상황을 해결의 국면으로 이끌고자 한다면 추측은 아무런 도움이 안 됩니다. 오히려 일을 더 꼬이게 만듭니다.

학교 및 관공서의 IT업무를 위탁 운영하는 한 기업의 마케팅 회의에 모니터링 차원에서 참관을 한 적이 있습니다. 그 날의 회의는 주요 고객사의 연간 위탁운영에 대한 제안이 타사와의 경쟁에서 실패한 후 갖는 대책 회의였습니다. 시작부터 분위기는 심각했습니다. 중요한 제안에 실패했다는 결과를 통보받은 회의 구성원들 표정은 매우 어두웠습니다. 해당 팀의 리더인 그룹장님의 대화의 출발은 이랬습니다.

"도대체 우리가 뭐가 모자랐대? 박차장! 확인해봤어? 초안 작성자가 누구야? 누가 실수한거야? 아, 진짜 쪽팔려서 경영진 회의 때 얼굴을 못 들겠더라."

회의 분위기는 경직되고 모든 팀원들은 그물에 잡힌 조개처럼 입을 꽉 다물고만 있었습니다. 뭐든 의견을 내보라는 그룹장님의 채근에도 누구 하나 발전적이고 창의적인 아이디어를 내는 사람이 없었고, 회의는 예상 시간보다 일찍 마무리 되었습니다. 각자 조금 더 생각을 해보고 다시 회의를 진행하기로 했죠. 그러나 다음에 다시 회의를 한다고 해도 같은 일이 반복될 것입니다. 이 그룹장님처럼 비난을 담은 질문만을 던진다면요.

이런 회의 장면은 낯설지 않습니다. 많은 기업의 회의 중 대화를 모니터링 해보면 이처럼 잘못을 추궁하거나 상대를 비난하는 질문들이 쏟아집니다. 이것은 질문이 아닙니다. 답을 듣기 위해서가 아니라 화를 내고 공격하기 위해 쏘아대는 화살인 것입니다. 답을 듣기 위한 것이 아니었으니 아무런 답도 나오지 않았습니다. 이 회사는 다음 주에 또 다른 고객사에 유사한 제안을 앞두고 있었습니다. 이 대책회의는 이전 제안에서 어떤 부분을 보완해야 다음 주 제안에 성공할 수 있을까를 논의하는 중요한 자리였는데도 소득 없이 끝난 것입니다.

'삶을 변화시키는 질문의 기술'마릴리 애덤스 지음, 정명진 옮김, 김영사, 2018의 저자인 **마릴리 애덤스**에 의하면 앞에서 살펴본 회의에서 나왔던 질문은 심판자의 질문입니다. **마릴리 에덤스**는 질문의 두 가지 패러다임을 제시합니다. 하나는 심판자의 질문, 또 하나는 학습자의 질문입니다.

위의 예시에서 볼 수 있었던 심판자의 질문은 문제 상황을 만났을 때 흔하게 습관적으로 반응하는 방식입니다.

"어쩌다 이렇게 됐지?"
"이거 누구 때문이야?"
"도대체 사람들은 왜 이 모양이지?"

모두 비난에 초점이 맞춰져 있습니다. 이런 심판자의 질문은 누가 이기고 누가 졌는지, 누구는 잘못이 없고 또 다른 누구는 결함이 있다는 승-패의 결론을 맺게 됩니다.

반면에 학습자의 질문은 초점을 맞추는 대상과 상대를 바라보는 관점이 다릅니다. 성장을 위한 학습자의 질문은 습관적 반응이 아니라 자극과 반응 사이의 공간에서 의식적으로 도출된 질문입니다.

"지금 무슨 일이 일어난 거지?"

"여기서 도움이 될 만한 일은 무엇일까?"

"이 과정에서 배울 점은 무엇일까?"

"다른 사람이 느끼고 생각하고 필요로 하는 것은 무엇일까?"

"여기서 선택할 수 있는 최선은 무엇일까?"

위의 내용은 학습자의 질문입니다. 이렇게 학습자의 질문을 하게 되면 우리는 문제 해결에 초점을 맞출 수 있습니다. 또 나와 상대의 윈-윈 관계를 얻을 수 있습니다.

우리는 살면서 매번 갈림길을 만나고 매번 끊임없는 선택을 하게 됩니다. 질문 하나만 해도 그 순간에 내가 어떤 질문을 던지고 어떤 선택을 하느냐에 따라서 삶의 방향과 질은 완전히 달라집니다.

심판자의 질문
- 우리는 어쩌다 이렇게 됐지?
- 누구 때문이야?
- 사람들은 왜 이렇게 어리석을까?

학습자의 질문
- 지금 무슨 일이 일어난거지?
- 여기서 도움이 될만한 일은 뭘까?
- 지금 당장의 최선은?

비난에 초점
승-패의 관계

문제해결에 초점
나와 상대의 윈-윈 관계

그렇다면 앞서 살펴본 회의의 질문 학습자의 질문으로 바꿔 본다면 어떨까요?

심판자의 질문	학습자의 질문
• 이거 누구 때문이야? • 도대체 뭐가 문제래?	• 심사 결과를 객관적으로 분석해 볼까요? • 우리가 잘한 점과 부족한 점은 무엇이었습니까? • 다시 한다면 어떤 부분을 더 보완하면 좋을까요?

심판자의 질문을 받았을 때 팀원의 반응과 학습자의 질문을 받았을 때 팀원의 반응을 상상해 봅시다. 심판자의 질문을 받았을 때는 자기 방어와 회피 반응을 하게 되지만 학습자의 질문을 받게 되면 문제 해결적인 생각과 행동을 취하게 된다는 것을 알 수 있습니다. 어떤 질문을 하는가에 따라 답변자의 생각과 행동도 달라지는 것입니다. 갈등 상황에서 학습자의 질문을 하면 갈등 해결의 방향으로 국면을 전환시킬 수 있습니다.

그럼 어떻게 하면 학습자의 질문을 잘 할 수 있을까요? 질문을 잘 하는 것도 훈련이 필요합니다. 여기 알아두면 좋은 몇 가지 질문 기법이 있습니다. 하나씩 살펴보겠습니다.

01 질문 기법 1 열린 질문을 하라

먼저 사고를 확장하고 성장할 수 있는 질문은 열린 질문이어야 합니다.

3장에서 **됐어요! 그만해요!**와 **최대한 해 봅시다!**의 사례를 기억하시나요? 그 사례에서 박팀장과 김팀장이 이대리와 나누었던 대화를 다시 한 번 살펴보겠습니다. 두 팀장의 질문을 비교해 볼까요?

박팀장 질문	김팀장 질문
• 참신이 필요할 때가 있고, 안 필요할 때가 있지... 이제 그 정도는 파악할 때 아닌가? • 흠... 이대리, 이대리가 갓 입사한 사원이에요? • 그럼 이대로 진행할 거예요?	• 아 그랬군요. 방향을 많이 수정한 것 같은데 수정에 대한 방향성을 설명해줄래요? • 그러게. 서로 사전에 충분히 얘기했으면 좋았겠지만 어쩔 수 없고, 기획안 보고가 내일 모레인데 어떻게 수정하면 좋을까요?

사례 속 박팀장과 김팀장의 질문에서 어떤 차이를 느끼시나요?

박팀장의 질문은 상대방의 의견을 묻는 질문이라기보다 상대방을 비난하는 힐문에 가깝습니다. 박팀장의 질문을 받고 이대리가 할 수 있는 답변은 **"아니요."**, **"죄송합니다."** 혹은 침묵 말고는 없습니다. 반면 김팀장의 질문은 이대리가 생각을 정리하고 답변할 수 있는 질문입니다. 이런 질문을 열린 질문이라고도 합니다. 질문을 받은 상대방이 자유롭게 생각하면서 답변을 할 수 있기 때문입니다. 질문을 받는 상대방의 입장을 생각해 본다면 박팀장의 힐문은 오히려 갈등을 유발하고, 김팀장의 열린 질문은 상황을 객관화 하는데 도움이 되는 것을 알 수 있습니다.

닫힌 질문은 **"이거 잘할 수 있겠어?"**, **"그게 좋다고 생각해?"**와 같이 **"예"**, **"아니오"**와 같은 단답형으로 답하게 하므로 사고의 확장을 이끌어 내기가 어렵습니다. 반면 열린 질문은 **"어떻게 하면 잘 할 수 있을까?"**, **"어떤 방법이 좋다고 생각해?"**와 같이 What, How, Why 등의 의문사를 사용하기 때문에 사고의 확장을 도와줍니다.

닫힌 질문 vs 열린 질문

닫힌 질문	열린 질문
지금까지 설명한 내용 다 이해 했어요?	지금까지 설명한 내용 중 이해가 안 되는 것은 무엇인가요?
이거 잘 할 수 있겠어요?	어떻게 하면 잘 할 수 있을까요?
이 방법이 좋다고 생각해요?	어떤 방법이 좋다고 생각하세요?

02 질문 기법 2 긍정적 질문을 하라

질문은 미래를 향하는 긍정적인 질문이 좋습니다. 어떤 문제가 발생했을 때 우리는 "아니 도대체 왜 그랬어?", "누가 그랬어?", "뭐 때문이야?"와 같이 반응하기 쉽습니다. 이것은 과거를 향하는 질문입니다. 좀 더 정확하게 말하자면 과거를 추궁하는 질문이죠. 이런 질문을 받게 되면 누구든 주눅 들게 되고, 책임을 회피하기 위해 핑계를 찾게 됩니다.

이 과거를 추궁하는 부정적 질문을 미래형의 긍정적 질문으로 바꿔봅시다. "앞으로 어떻게 하는 게 좋을까?", "잘 하려면 무엇을 개선해야 하지?" 이런 질문은 문제의 긍정적 해답을 찾는 것에 초점을 맞추기 때문에 문제를 해결하는데 훨씬 강력한 힘을 발휘합니다.

기업의 컨설팅을 진행하는 컨설턴트들과 질문을 전환하는 실습을 해보았습니다. 컨설턴트의 일이라는 게 질문을 많이 할 수 밖에 없는데 들어보니 대부분의 질문이 과거를 향하는 부정적 질문이었습니다. 예를 들면 "A사업부의 손익이 안 좋은 이유는 무엇인가요?", "이렇게 계속 진행하시면 사고 개연성이 높아지는 거 아시죠?" 등이었습니다. 이 질문을 긍정 질문을 바꾼다면 어떻게 바꿀 수 있을까요? "A사업부의 손익을 높이려면 무엇을 시도해 보는 것이 좋을까요?", "사고를 예방하려면 어떤 방향으로 개선하는 게 좋겠습니까?"로 질문을 전환해 볼 수 있습니다. 고객의 긍정적 실행을 이끌어 내기에 긍정 질문이 더 적합하다는 것을 알 수 있습니다.

부정적 질문 vs 긍정적 질문

부정적 질문	긍정적 질문
도대체 왜 그랬습니까?	앞으로 어떻게 하는 게 좋을까요?
뭐 때문인가요?	잘 하려면 무엇을 개선하는 게 좋을까요?
A사업부의 손익이 안 좋은 이유는 무엇인가요?	A사업부의 손익을 높이려면 무엇을 시도해 보는 것이 좋을까요?
이렇게 계속 진행하시면 사고 개연성이 높아지는 거 아시죠?	사고를 예방하려면 어떤 방향으로 개선하는 게 좋겠습니까?

03 질문 기법 3 중립적 질문을 하라

질문을 할 때는 나의 결론을 질문에 포함시키지 말고 중립적으로 질문하는 것이 중요합니다.

학원을 마치고 집으로 들어오는 초등학교 5학년 아들의 왼쪽 볼에 빨갛게 그어진 상처가 있습니다. 아들이 예전에 학원에서 친구들하고 싸웠던 경험이 있어서 상처를 본 엄마는 순식간에 "어휴, 학원에서 또 싸웠구나"라는 생각이 듭니다. 엄마는 "너 얼굴이 왜 그러니? 학원에서 친구들하고 또 싸웠니? 도대체 언제까지 그럴거니?"라고 질문합니다. 여러분이 초등학교 5학년 아들의 입장이라면 엄마의 이 질문을 받고 어떤 생각이 들까요? 실제로 친구와 싸워서 얼굴에 상처가 났다고 하더라도 상대방이 이미 결론을 다 내리고 묻는 순간 답변할 필요성을 못 느낄 것입니다. 아니, 더 이상 대화할 필요성도 느끼지 못할 것입니다. 방문을 꽝 닫고 들어가버리는 아들의 뒤에 대고 엄마는 혼잣말을 합니다. "언제나 철이 들려나. 엄마가 말하는데 방문 꽝 닫고 들어가는 것 좀 봐." 엄마의 질문은 아들의 말문을 막는 질문이었지만 엄마는 대답도 하지 않는 아들에게 더 화가 나고 서운함을 느낍니다.

이 때 엄마가 결론을 포함시키지 않고, 정말 내용을 알고 싶다는 궁금함을 가지고 아들에게 질문한다면 어떤 식으로 할 수 있을까요? 엄마는 상처 난 아들의 얼굴을 보면서 "아프겠다. 어쩌다 다쳤니?"라고 질문할 수 있습니다. 아들이 상처 난 이유를 설명한다면 아들의 이야기를 들으며 더 많은 질문도 하게 되고, 공감하는 대화를 나눌 수 있습니다.

기업 현장에서는 아무래도 상사가 후배에게 중립적 질문보다는 가치판단이 들어간 질문을 하기가 쉽습니다. 실무 경험이 많고, 아는 정보도 많을수록 자기가 가진 것에 근거해 결론을 내려버리거든요. 예상보다 실적이 잘 나오지 않는 김과장에게 팀장님이 질문합니다.

"도대체 김과장이 고객 관리를 어떻게 했길래 똑같은 상황인데 박과장 쪽하고 이렇게 차이가 많이 나나?" 이 질문은 실적이 좋지 않은 이유를 정말 구체적으로 알고 싶다는 중립적 질문이 아닙니다. 김과장의 고객관리에 문제가 있기 때문에 이런 결과가 나왔다는 팀장의 판단이 들어 있는 질문이죠. 이 질문을 중립적 질문으로 바꿔 볼까요?

"김과장, 올해 실적이 기대보다 좋지 않은데 김과장이 보기에는 어떤 부분에 문제가 있었다고 생각하나?" 이렇게 전환해 볼 수 있습니다.

결론이 정해진 질문 vs 중립적 질문

결론이 정해진 질문	중립적 질문
얼굴이 왜 그러니? 학원에서 친구들하고 또 싸웠니?	아프겠다. 어쩌다 다쳤니?
도대체 김과장이 고객 관리를 어떻게 했길래 똑같은 상황인데 박과장하고 이렇게 차이가 많이 나나?	김과장 올해 실적이 기대보다 좋지 않은데 김과장이 보기에 어떤 부분에 문제가 있었다고 생각하나?

지금까지 갈등을 줄이는 대화 기법 중 열린 질문, 긍정적 질문, 중립적 질문에 대해 알아보았습니다.

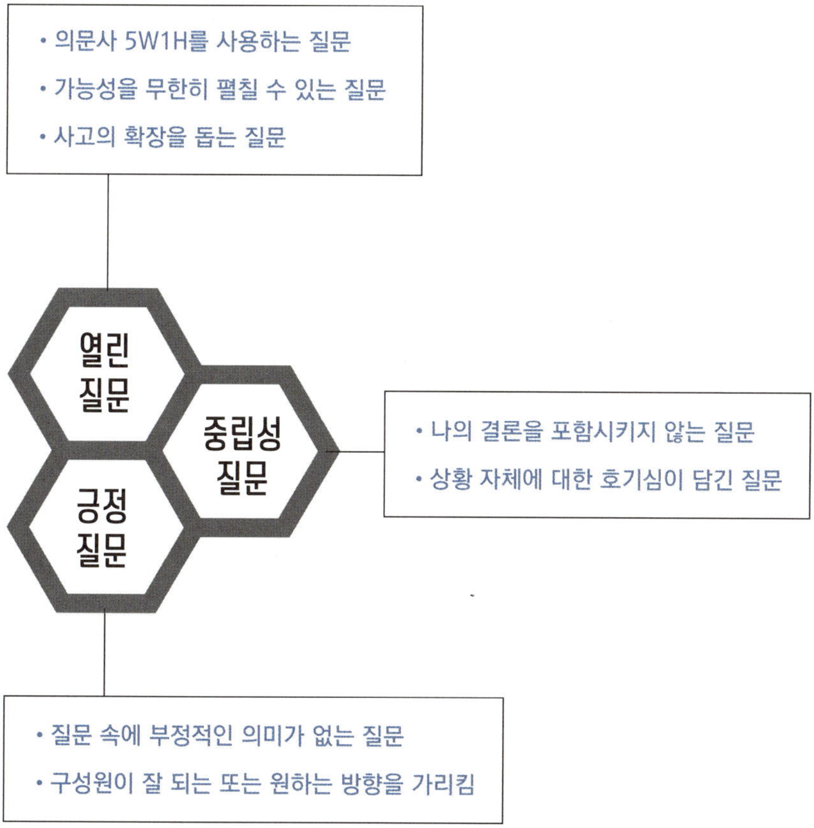

기업 현장의 피드백을 받아보면 물론 이런 질문이 좋다는 것은 알지만 막상 실행해 보려고 하면 쉽지가 않더라는 이야기를 하곤 합니다. 머리로 아는 것과 실제 행하는 것은 다르죠. 몸의 근육을 단련시키려면 꾸준한 운동이 필요한 것처럼 대화의 방식을 변화시키기 위해서도 꾸준한 노력이 필요합니다. 내가 지금 어떤 질문을 하고 있는지 질문 전에 한 번 더 의식적으로 체크해 보시기 바랍니다. 갈등 상황이라면 더욱더 질문 전 사전 점검이 필요합니다.

질문 전 확인 사항 5

1. 상대방이 충분히 생각하고 답변할 수 있도록 열린 질문을 하는가?
2. 과거를 탓하기보다 미래를 향한 긍정적 질문을 하는가?
3. 나의 결론을 질문에 포함시키지 않고 중립적으로 질문하는가?
4. 상대방의 이야기를 경청하면서 그 이야기 속에서 추가적인 질문을 하고 있는가?
5. 전달할 사항만 수첩에 적지 않고, 질문할 사항도 메모해 놓았는가?

피터 드러커는 좋은 질문은 정보를 얻어낼 뿐이지만 위대한 질문은 변화를 이끌어 낸다고 했습니다. 대화 속 단 하나의 질문이 갈등 해결의 실마리를 찾아내는 데 도움이 될 수 있습니다. 중요한 순간일수록 상황에 도움이 되는 질문을 찾기 위한 노력을 기울여야 합니다.

4-3

갈등 예방에 도움이 되는 3가지 언어

감사, 사과, 거절

지금까지 갈등 예방에 도움이 되는 소통법으로 '상대방을 이해하기 위한 공들인 경청'과 '추측보다는 중립적인 질문하기'에 대해 알아보았습니다.

최근 팀 내 갈등 이슈를 찾아내고, 그 이슈를 팀의 관계와 성과에 도움이 되는 방향으로 해결하기 위한 워크숍을 하면서 여러 팀을 관찰할 기회가 있었습니다. 50여개의 팀을 만나면서 제가 발견한 것은 성과가 높은 팀은 관계도 좋았다는 점입니다. 이것은 그간 조직 심리학, 조직 행동론 분야에서 구성원의 신뢰관계와 성과는 서로 상관관계가 있다는 연구결과와 맞닿아있습니다.

그렇다면 어떤 팀이 관계가 좋을까요? 여러 팀을 관찰해보니 관계가 좋은 팀에서는 서로 나누는 언어의 질이 달랐습니다. 성과와 관계가 좋은 팀들은 대화가 많고, 유머가 있으며 감사·사과·용서와 화해의 언어를 자주 사용했습니다. 또 본인이 하고자 하는 말을 우회적으로 돌려하기보다는 원하는 것을 정확하게 요청했습니다. 어떤 팀의 팀장님이 실제로 자신의 후배직원들에게 한 말입니다.

명확한 요구

- 업무를 분담했으면 좋겠어요. 지금 진행하는 대체 건도 이대리에게 검토시켰으면 좋겠어요.
- 구두상 보고는 그때그때 받지만 주 1회는 전체적으로 메일 및 문서로 보고 받았으면 좋겠어요.
- 미팅 일정도 정해지면 사전 공유 해주세요.
- 재고 카운터, 창고 정리할 때 언제든지 도움 요청하세요.

사과

- 업체들에게 끌려다니고 원하는 만큼의 이윤을 챙기지 못해 미안해요.
- 혼자 외로이 사무실 지키게 해서 미안해요.
- 좀 더 명확한 방향 제시가 미흡했던 것 같네요. 영업할 때 답답한 마음 갖게 해서 미안하고, 향후 방향에 대한 구체성을 높여보도록 하겠습니다.

감사

- 힘든 환경에서도 가능성을 보고 묵묵히 따라와 주는 팀원들에게 진심으로 감사합니다.
- 특히 올해는 우리 팀 서로 이야기도 많이 하고, 서로를 도와주려는 분위기를 함께 만들어 주는 점은 정말 고맙습니다.

팀장님의 감사와 사과의 말은 팀원들의 심리적 안정에 도움이 됩니다. 그 과정에서 팀원들의 내적 동기도 함께 올라갑니다. 또 명확한 요구는 팀장님의 언어를 해석해야 하는 에너지 낭비를 줄이고, 바로 요구 사항을 파악할 수 있어 업무의 효율성에도 도움이 됩니다.

구글은 2012년부터 2015년까지 팀 생산성의 비밀을 찾기 위한 프로젝트를 수행했습니다. 프로젝트의 이름은 '**아리스토텔레스**'입니다. 아리스토텔레스가 한 말인 '**전체는 부분의 합보다 크다**'는 말을 모토로 내걸고 최고의 성과를 내고 있는 팀의 특성을 분석하는 프로젝트였습니다. 성과 높은 팀을 분석해보면 생산성을 높이는 비결을 찾을 수 있을거라고 생각한 거죠.

특히 생산성이 높은 팀과 낮은 팀을 비교해서 인적 자원, 보상의 방법, 취미, 학력, 성격 등을 변수로 하여 생산성에 영향을 미치는 요인을 찾아보려고 했습니다. 그런데 이런 변수만 가지고는 큰 상관 관계를 찾기가 어려웠습니다. 이 조사를 시작하기 전까지 구글의 경영진은 다른 조직과 마찬가지로 최고의 팀을 만드는 것은 최고의 인재를 모으는 것이라는 신념을 가지고 있었죠. 그러나 프로젝트 아리스토텔레스의 조사 결과는 구글 경영진의 생각과는 다른 결론을 보여주고 있습니다. 성공하는 팀을 만드는데 중요한 변수는 최고의 인재가 아니라 팀에 존재하는 다음의 5가지 정서와 일하는 방식이라는 것입니다.

구글이 밝혀낸 생산성 높은 팀의 5가지 비밀

생산성 수수께끼, 구글은 이렇게 풀었다

중앙시사매거진, 임채연 기자, 2017.02.05
jmagazine.joins.com/forbes/view/315273

1. 심리적 안전 Psychological Safety

팀원 상호 간 서로 상처받지 않고 자연스럽게 행동할 수 있느냐, 두려워하지 않고 기꺼이 위험을 감수할 수 있느냐 하는 것을 의미합니다. 구글은 이 항목이 나머지 4개의 기본이라고 설명합니다. 이것이 전제되지 않으면 개인은 역량을 발휘하지 못하며 팀의 신뢰도 무너지기 때문이죠.

2. 신뢰성 Dependability

팀 멤버들이 일을 제시간에 해낼 수 있느냐, 구글이 요구하는 높은 수준을 맞추어낼 수 있느냐 하는 것으로, 일을 믿고 맡길 수 있어야 한다는 뜻입니다.

3. 조직 구조와 투명성 Structure & Clarity

팀 멤버 각자의 역할과 계획, 분명한 목표의 필요성을 의미합니다. 이런 요소가 불분명하거나 명확히 공유되지 않으면 팀의 효율성이 떨어질 수밖에 없습니다.

4. 일의 의미 Meaning

각자가 하고 있는 일이 자신뿐만 아니라 다른 팀원들에게 얼마나 중요한지 알아야 합니다.

5. 일의 영향력 Impact

우리 팀이 하고 있는 일의 영향력을 깨닫고 내적 동기부여를 하는 것입니다. 팀원 개인이 지금 하는 일이 회사와 사회에 어떤 영향을 주고 어떤 변화를 가져오는지 알아야합니다.

조사 결과 여러 가지 요소 중에서도 팀원이 느끼는 심리적 안정감이 팀의 생산성에 매우 중요한 영향을 미친다는 점을 알 수 있습니다. 팀원들이 서로 눈치 보지 않고, 하고 싶은 말을 할 수 있으며 비난받기보다 수용될 가능성에 무게를 두는 팀은 관계가 좋고 성과가 높습니다. 그런 팀에서는 감사, 사과, 그리고 꼭 필요할 때에 정중한 거절의 언어를 발견할 수 있습니다.

그럼 지금부터 갈등 예방에 도움이 되는 세 가지 언어 '**디테일하게 감사하기**', '**진심으로 사과하기**', '**정중하게 거절하기**'를 살펴보겠습니다.

01 구체적으로 감사하기

감사는 느낄 감感과 사례할 사謝로 구성된 한자어로 사전적 의미는 첫째 '고마움을 나타내는 인사', 둘째 '고맙게 여김 또는 그런 마음'입니다. 말 그대로 누군가 나에게 친절을 베풀거나 도움을 주었을 때 자신의 고마운 마음을 상대에게 표현하는 것입니다. 긍정 심리학자 소냐류보머스키How to be happy? 행복도 연습이 필요하다 소냐 류보머스키 지음, 오혜경 옮김, 지식노마드, 2008는 감사가 행복을 증진시키는 이유로 긍정적 경험을 음미함으로써 자기의 존재감을 강화할 뿐만 아니라 사회적 유대관계를 강화하고, 부정적 감정을 감소시키는데 도움이 되기 때문이라고 정리하였습니다.

그렇다면 조직 내에서 감사는 과연 어떤 역할을 할까요? 와튼 스쿨 경영학과 아담그랜트의 콜센터 직원 대상의 연구포지티브 혁명 제인 더턴, 그레첸 스프레이처 외 지음, 윤원섭 옮김, 매경출판, 2018는 감사가 일의 의미와 가치를 발견함으로써 사람의 동기를 얼마나 강화할 수 있는지를 보여줍니다. 아담 그랜트는 스트레스 지수와 이직율이 높은 대학의 콜센터 직원들에게 자신들이 모은 기금으로 혜택을 받은 수혜자들을 만날 수 있는 기회를 제공했습니다. 단 5분 간의 만남이었지만 자신들이 모금한 금액으로 학생들이 구체적으로 어떤 도움을 받았는지에 대한 구체적인 설명을 듣고 감사 인사를 받은 직원들은 놀라운 성과 향상을 보여줬습니다. 다른 콜센터 그룹과 비교해 달리 수혜 학생들을 만난 그룹은 통화 시간은 2배로 늘어나고, 모금 금액은 약 270% 높아졌습니다. 짧은 만남이었지만 학생들에게 받은 감사는 직원들에게 강력한 동기부여가 되었던 것입니다.

조직 내에서 감사를 중요한 미덕으로 삼고, 이를 실천한 사례존중과 감사가 만드는 성공 기업의 비밀 강소엽, 한경 Business, 1152호, 2017도 있습니다. 2013년 글로벌 PR 어워드인 'PR 위크'에서 '올해 최고의 사내 커뮤니케이션'에 선정된 로레알의 '감사 캠페인'은 조직에 시사하는 바가 높습니다. 로레알은

전 직원이 '감사의 힘'이라는 도서를 읽고 메르시 노트를 작성하는 활동을 일상화 했습니다. 이와 함께 회사 차원에서 매달 넷째주 수요일을 '메르시 데이'로 운영하면서 구체적이고 재미있는 다양한 활동을 추진합니다. 예를 들어 '막내 데이'에는 팀에서 항상 궂은 일을 맡아 하는 막내들에게 감사 표현과 친절 베풀기를 하며 힘을 실어 줍니다. '메르시 팀 크로스 데이'에는 팀 간 서로 고마웠던 일을 메모지에 써서 카페테리아 벽면에 붙이면서 서로의 마음을 읽을 수 있도록 합니다. 전사적으로 진행되는 로레알의 감사 캠페인을 통해 직원들의 긍정적 정서가 올라가고, 부서간의 장벽이 낮아져 직원들의 만족도가 높아졌다고 합니다. 광동제약, 교원그룹, 바텍네트웍스, 삼성 디스플레이 등 많은 기업들이 적극적인 감사 캠페인을 추진하고 있습니다.

저 역시 현장에서 만나는 다양한 기업들의 감사하기 활동을 볼 수 있었습니다. 그 중 긍정심리학 기반의 마인드 콘텐츠 기업인 '블룸 컴퍼니'는 매주 월요일 아침 회의를 시작할 때 한 주간 감사한 일을 구체적으로 나눈 후 업무 이야기로 들어갑니다. '블룸 컴퍼니' 직원들은 짧은 시간이지만 이 시간을 통해 동료애, 도와주고자 하는 마음, 긍정 에너지가 높아지는 것을 느낄 수 있다고 했습니다.

"감사함을 나누면서 동료애가 생기고 업무를 할 때 마음을 열고 더 잘 도와주게 되더라구요."

"저는 무엇보다도 일주일의 시작에 몸과 마음이 쳐져 있을 때가 있는데, 감사하기를 나누면 긍정적인 정서가 올라오는 게 느껴집니다."

"감사함을 나누면 그 당시 고마웠던 것을 잊지 않고 이야기하게 되서 저도 한번 더 표현할 수 있는 기회가 되고요. 저의 도움을 기억해주었을 때는 기분이 좋아집니다. 긍정 에너지가 충전돼요."

선배에게 듣고 싶은 말

"잘 하고 있어."

"고맙다. 수고했다. 고생했네."

"우선 하고 싶은대로 해봐. 내가 봐줄게."

업무에 대한 구체적인 피드백

하대하지 않는 존중의 언어

후배에게 듣고 싶은 말

"제가 잘 해볼게요."

"함께 하시죠."

"덕분입니다. 감사합니다."

"괜찮습니다. 수고하십니다."

"힘 내세요."

누군가 나의 친절에 대해 알아주고, 구체적으로 고마움을 표현한다면 자신에 대한 만족감 뿐만 아니라 일에 대한 내재 동기도 올라갑니다. 다음에서 보시는 내용은 2018년 제가 진행한 한 반도체 기업 워크숍에서 시니어 그룹과 주니어 그룹 각자 서로에게 듣고 싶은 말을 조사한 결과입니다. 선배, 후배 공통적으로 서로에게 듣고 싶은 말 중 5위 안에 감사의 표현이 공통적으로 들어가 있습니다.

- 2018년도 S사와 Z사 대상의 설문조사 결과 약 1,000명 응답 결과로 비구조화된 설문을 진행함

그렇다면 어떻게 해야 진심으로 감사함을 전달할 수 있을까요? 감사하기에도 특별히 방법이 있을까요? 감사에 진정성이 느껴지려면 최대한 구체적으로 무엇에 감사하는 것인지를 명확히 밝히는 것이 좋습니다. 이와 함께 결과에 대한 감사 보다는 과정과 상대의 마음에 대한 감사도 함께 표현하는 것이 좋습니다.

디테일한 감사표현의 Tip

1. 구체적으로 감사한 상황을 설명한다.
2. 그 때 내가 느낀 감정을 표현한다.
3. 구체적으로 어떤 부분에 도움이 되었는지 말한 후 감사로 마무리한다.

다음의 상황에서 디테일한 감사의 표현을 한번 해 봅시다.

상황 1

마케팅 팀의 김부장은 금요일 오전 전략본부로부터 급한 회의자료를 요청 받았다. 자료 중 최신 데이터를 정리하는 부분을 김대리에게 맡기면서 월요일 오후에 보고해야 하니 월요일 오전까지는 데이터 정리를 해달라는 요청을 하였다. 김대리는 최대한 빨리 해보겠다고 한 후 작업에 들어갔다.
일요일 저녁 김부장은 내일 있을 보고 자료를 정리하며 메일함에 들어갔다. 월요일 오전에 주기로 한 김대리의 자료가 금요일 저녁 8시 30분에 도착한 것이 아닌가. 덕분에 김부장은 월요일 아침 일찍 자료를 마무리하고, 오후에 안정적 보고를 할 수 있었다.

구체적인 감사 상황	
그 때 내가 느낀 감정	
도움이 된 내용과 감사 마무리	

스스로 생각을 정리해 보셨다면 아래의 내용을 참조해 보세요.

구체적인 감사 상황	김대리, 지난주 금요일 급하게 월요일 회의 자료 요청을 했는데 월요일 오전까지 주기로 했었잖아. 일요일날 자료 준비하면서 메일함을 열어봤더니 김대리가 금요일날 늦게까지 작업을 했는지 자료가 이미 와 있더라고.
그 때 내가 느낀 감정	어찌나 미안하기도 하고, 고맙기도 하던지.
도움이 된 내용과 감사 마무리	덕분에 월요일 오전 일찍 자료를 마무리 하고 보고 준비도 여유있게 할 수 있었어. 정말 고마워!

상황 2

신입사원 박성실씨는 OJT 기간 동안 멘토 선배와 3개월간의 업무 코칭을 마쳤다. OJT교육의 마지막 관문은 그간 현장에서 배운 내용을 사업부 부문장님과 선배님들 앞에서 프레젠테이션을 하는 것이다. 멘토 선배와 함께 일주일 간 열심히 준비하고 드디어 프레젠테이션을 하는 날 아침, 평소와 달리 너무 긴장한 나머지 몸 컨디션이 영 좋지 않았다. 발표시간에도 멘트가 제대로 생각나지 않았고, 준비한 내용을 제대로 어필하지 못하고 마무리 하였다.

동기들 모두 밝은 분위기 속에서 프레젠테이션을 잘 마치는 모습을 보며 스스로 작아지는 느낌에 조용히 사무실로 돌아왔다. 지쳐있는 와중에 전화벨이 울린다. 담당 멘토 선배다.

"성실씨, 자료 정말 꼼꼼하게 만들었더라. 많이 피곤하지? 얼굴도 지쳐 보이던데. 오늘은 일찍 들어가서 쉬어"라고 한다. 순간 '아 그래도 내 노력을 알아주셨구나'하는 마음에 위로를 받았고, 감사한 마음이 들었다.

구체적인 감사 상황	
그 때 내가 느낀 감정	
도움이 된 내용과 감사 마무리	

스스로 생각을 정리해 보셨다면 아래의 내용을 참조해 보세요.

구체적인 감사 상황	선배님, PT 끝나고 망쳤다는 생각에 너무 속상해서 엄청 기운빠져 있었거든요. 그런데 선배님께서 전화 주셔서 "자료 만드느라 애썼다. 일찍 들어가서 쉬어라."라고 말씀해 주셨잖아요.
그 때 내가 느낀 감정	그래도 선배님은 제가 노력한 걸 알아주셨다는 생각에 너무 위로되더라고요.
도움이 된 내용과 감사 마무리	선배님도 속상하셨을텐데 저를 챙겨주셔서 제가 빨리 회복할 수 있었어요. 감사합니다.

감사함을 느끼거나 그 감사함을 표현할 때는 우리 뇌의 왼쪽 전전두엽 왼쪽 앞 뇌이 활성화 됩니다. 그런데 이 부위는 사랑, 공감, 낙관, 열정, 활력과 같은 긍정적인 감정을 경험할 때 활성화 되는 부위와 일치합니다. 감사는 우리의 뇌를 활성화 시켜 신경전달물질인 호르몬을 변화시킴으로써 긍정적인 감정을 유발하도록 합니다. 로버트 에몬스와 맥컬로우 교수가 192명 대학생들을 대상으로 한 감사의 효과 연구 결과를 보면 삶을 긍정적으로 수용하고 감사 일기를 쓴 사람이 그렇지 않은 사람에 비해 행복지수가 높게 나타나는 것을 알 수 있습니다.

- 내 삶의 주인으로 산다는 것 김권수 지음, 책들의 정원, 2017

내가 몸 담고 있는 회사, 팀 내에서 감사가 자주 표현되고, 일상화 될수록 개인의 긍정 정서는 크게 높아지고 조직 내 갈등 발생의 가능성은 낮아집니다. 큰 에너지를 들이지 않고도 나의 행복감도 높이면서 상대와 즐거운 마음으로 일할 수 있는 '감사하기'를 일상에서 꼭 실천해 보시기 바랍니다.

그대가 갖지 못한 것을 상상하여 그대가 이미 갖고 있는 것의 소중함을 훼손하지 말라!
그대가 지금 가지고 있는 것은 과거 한 때 그대가 갖기를 열망했던 것임을 잊지 말라!

- **그리스 철학자** 에피쿠로스

02 진심으로 사과하기

사과는 '잘못에 대하여 용서를 빎'이라는 의미를 가지고 있습니다. 단어의 뜻대로 우리는 상대방에게 잘못을 저질렀다고 생각할 때 사과를 합니다. 사과를 받아야 할 상황에서 받지 못하면 사람들은 화가 납니다.

사과는 충분해야 합니다. 지하철에서 누군가의 발을 밟았을 때, 길을 가다 앞을 제대로 보지 못해 상대방과 부딪혔을 때 우리는 "아, 죄송합니다."라고 사과합니다. 발을 밟혔지만 "죄송합니다."라고 상대가 사과하면 보통은 "괜찮습니다." 대답하고 그 정도에서 마무리가 됩니다. 하지만 만약 지하철에 앉아 있는 사람의 바지에 들고 있던 커피를 쏟거나, 길을 가다 부딪혀서 상대방이 넘어진 상황이라면 사과의 정도는 "죄송합니다."에서 끝날 수는 없습니다. 죄송하다는 말과 함께 가방 속에서 화장지를 찾아 닦아 주거나 잔뜩 미안한 표정으로 "바지 세탁비를 드리겠습니다. 너무 죄송합니다."라고 연신 사과를 반복하게 됩니다. 길에 넘어진 상대방이 일어나는 것을 돕고 병원에 가야 하는 것은 아닌지 확인하기도 합니다. 상황에 따라 사과의 정도도 달라지지요. 내가 얼마나 많이 미안한 일을 했는지 내 눈으로 볼 수 있기 때문에 사과도 그에 맞게 충분히 할 수 있습니다.

그런데 우리는 누군가를 넘어뜨리거나 하는 물리적 잘못 이외에도 조직이나 가정, 사회에서 상대방에게 심리적으로 상처를 주는 많은 잘못을 하게 됩니다. 나도 모르게 흥분한 나머지 사람들이 많은 곳에서 후배에게 막말을 한다던가 정확한 사실을 확인하지도 않은 채 근거 없는 이야기를 사실처럼 했다가 상대방이 오해를 받게 하는 경우, 상대방은 중요하게 생각하는 것에 대해 가볍게 생각해서 약속을 어긴 경우, 상대방의 아픈 부분을 공격하는 말을 하는 경우 등 사과의 순간이 자주 찾아 옵니다. 이럴 때 우리는 어떻게, 그리고 얼마나 제대로 사과를 하고 있을까요? 상대방이 나 때문에 기분 나쁘거나 상처를 받았다고 생각할 때 우리는 미안하기도 하고 눈치도 보이지만 바로 사과하기 보다는 상대방의 반응을 살피고 상대방이 가만히 있으면 그냥 넘어가는 경우가 많습니다. 그 일을 말끔하게 사과하고 정리하고 넘어가지 않았으니 왠지 관계는 어색해지고 심리적 거리는 멀어지게 되지요. 용기를 내서 사과를 한다고 하더라도 '미안합니다', '죄송합니다', '아까는 본의 아니게 흥분했습니다. 이해해 주세요.' 정도의 최소한의 표현을 하곤 합니다. 때로는 어차피 이 사람과는 관계가 손상됐으니 그냥 넘어가자고 생각할 수 있습니다. 사과하면 내가 내 잘못을 인정하는 것이 되니까 끝까지 버텨보자 하는 경우도 있습니다. 그러나 나의 잘못이나 실수로 상대방과의 관계가 어색해지고 거리가 다소 멀어졌다 하더라도 제대로 사과하는 것은 관계의 질을 긍정적 방향으로 전환시킬 수 있는 중요한 소통 수단이자 태도입니다. 그동안 어색하고 불편해서 제대로 사과하지 못했다면 이제 상대방과의 신뢰 회복을 위한 사과의 방법을 살펴보고 적극적으로 적용해 보시기 바랍니다.

사과 전 생각해 볼 내용

사과의 타이밍이 적절한가?

사과는 언제 하는 것이 좋을까요? 먼저 나 스스로 진심어린 사과의 마음이 생겼을 때 하는 것이 중요합니다. 문제가 발생한 시기가 너무 지나면 내가 잘못한 내용 이상으로 사과하지 않는 나의 태도 때문에 상대방이 더 서운하거나 화가 날 수도 있습니다. 사과의 마음이 생겼다면 미루거나 눈치 보기보다는 서둘러 상대방에게 사과하는 것이 좋습니다. 불필요한 오해나 추측으로 부정적 감정이 확대되는 것을 막을 수 있기 때문입니다.

변명 아닌 진심으로 미안한 마음을 표현할 준비가 되어 있는가?

사과에 변명이 따라오게 되면 사과의 힘은 약해지고 변명은 힘을 얻습니다. 진심으로 미안한 마음이 들어 사과를 하는 것이라면 설사 해명하고 싶은 것들이 있더라도 일단 이 모든 것은 내 책임이라는 자세로 사과하는 것이 좋습니다. 어느 부분은 내 잘못이라기 보다는 어쩔 수 없는 환경이나 상황이었을 수도 있습니다. 하지만 이유가 있더라도 이 상황에 대한 책임이 나에게 있다는 자세로 사과를 할 경우 상대는 진심으로 하는 사과의 힘을 느끼게 됩니다.

향후 문제가 발생하지 않기 위한 변화의 계획이 마련되어 있는가?

사과를 할 때는 진행된 상황에 대한 미안함과 책임감을 표현함과 동시에 다음에 동일한 상황이 발생한다면 이렇게 하겠다는 다짐, 변화의 계획을 구체적으로 밝혀야 합니다. **'미안하다. 내 책임이다. 다음에는 이런 일이 일어나지 않도록 이렇게 해보겠다'**라는 향후 변화에 대한 의지까지 밝히면 사과를 받는 상대방도 받아들이기 쉬워집니다.

사과 전 진심으로 미안한 마음을 느끼고, 전적으로 내 책임이라는 인정이 된 상황에서 구체적인 향후 변화 계획까지 준비가 되었다면 장소와 시간을 마련하여 상대방과 대화를 시도하고 사과를 전달합니다. 활용하면 도움이 되는 사과 표현을 살펴볼까요?

진정성 있는 사과 표현의 Tip

1. 진심으로 미안한 상황과 마음을 표현한다. 이 때 책임이 나에게 있음을 명확히 한다.
2. 다음부터 어떻게 개선할지 개선의 방향을 구체적으로 이야기 한다.
3. 마지막으로 미안함을 표현하고, 용서를 구한다.

다음의 상황에서 진정성 있는 사과의 표현을 한번 해 봅시다.

상황 1

안팀장은 일주일 전 신입사원 정다감씨에게 팀 마케팅 계획안 작성을 요청했다. 상반기 주요 고객사 대상 마케팅 계획을 부서원 전체에게 받아서 취합 정리해야 하는 일이었다. 기존에 활용하던 양식이 있으니 어렵지 않을 것이라 예상하고 일주일의 시간을 주었다. 대신 진행하는 동안 부서원 협조가 없으면 팀장 본인에게 도움을 요청하라고 하였다.

보고를 받기로 한 날, 안팀장은 정다감씨의 보고를 기다렸으나 오후 3시가 넘어도 감감무소식이었다. 안팀장은 다감씨를 불러 보고서에 대해 물어봤다. 그런데 다감씨의 대답은 부서원들 협조가 제대로 이루어지지 않아 보고서 작성을 시작도 못했다는 것이었다. 안팀장은 정다감씨에게 화가 난 나머지 버럭 큰 소리를 내고 말았다.

"정다감! 내가 뭐라고 했어! 분명히 팀원들 협조가 없으면 나에게 이야기해서 빨리 빨리 진행될 수 있도록 하라고 했지? 그런데 오늘이 보고 마감날인데 시작도 못했다니 그게 무슨 말이야?"

사무실 직원들의 시선이 집중되고 분위기는 냉랭해졌다. 정다감씨는 어두운 표정으로 말했다.

"제가 지난주 수요일 팀장님에게 자료가 취합되고 있지 않으니 부서원들에게 한 번 말씀해 달라고 얘기했었고요, 메일도 드렸습니다. 그래도 진행이 되지 않아서 금요일 다시 요청을 드렸는데 피드백이 없으셔서 조금 천천히 해도 되나보다 생각했습니다."

안팀장은 아차 싶었다. 생각해 보니 정다감의 메일도, 구두 보고도 가볍게 넘겼던 기억이 난다. 정다감은 억울한 마음이 들테고, 부서원들 모두 있는 공간에서 안팀장은 정다감에게 사과를 해야 할 상황이다.

미안한 상황과 책임표현	
향후 개선 방향	
용서를 구함	

스스로 생각을 정리해 보셨다면 아래의 내용을 참조해 보세요.

미안한 상황과 책임표현	정다감씨, 상황 제대로 확인하지 않고, 큰 소리로 당황하게 해서 미안해. 살펴보니 다감씨가 나에게 메일 보낸 것도 있고, 지난 회의 때 이야기 했던 것도 기억나. 도움 요청했을 때 바로 피드백 못 준데다가 꼼꼼하게 살펴보지도 않고, 화부터 내서 정말 미안해.
향후 개선 방향	팀원들에게는 내일까지 제출하라고 강하게 이야기할게. 내가 더 챙겼어야 하는데, 앞으로는 다감씨 요청에 좀 더 신경쓸게.
용서를 구함	이번 일은 진심으로 사과할게.

상황 2

김대리는 박과장과 고객사 미팅을 하러 갔다. 해당 고객사는 오랜 신뢰관계가 있는 곳으로 이번에는 새로운 부품 영업차 가게 되었다. 박과장이 비용 산출 내역을 필요하다고 했고, 김대리는 기존 양식에 맞춰 고객사에 제출할 비용 산출 내역을 프린트해 갔다. 그런데 회의시간에 고객 앞에 내놓은 비용 산출 내역을 자세히 살펴보니 프린트를 해서 가져 간 것은 고객용이 아니라 내부용 원가 산출 내역이 아닌가.

순간 박과장과 김대리 뿐만 아니라 고객사 담당자도 당황했고, 오랜 신뢰관계에도 불구하고 고객사는 원가 산출 내역을 보며 그간 너무 이익을 많이 취한 것 아니냐며 서운함을 표현했다. 결국 영업 미팅은 불편한 상황에서 마무리 되었고, 김대리와 박과장은 아무말 없이 사무실로 들어왔다. 화가 잔뜩 난 박과장에게 김대리는 타이밍을 놓치지 않고, 사과를 해야겠다고 마음 먹었다.

미안한 상황과 책임표현	
향후 개선 방향	
용서를 구함	

스스로 생각을 정리해 보셨다면 아래의 내용을 참조해 보세요.

미안한 상황과 책임표현	과장님, 뭐라 드릴 말씀이 없습니다. 고객사에 원가 산출 내역을 제시한 건 미리 꼼꼼하게 준비해 가지 못한 제 책임입니다.
향후 개선 방향	다음부터 고객사 방문시 제시할 자료는 저도 꼼꼼히 검토하고, 과장님께도 보고 드리도록 하겠습니다. 이번 건은 제가 혹시 후속 조치를 취할 수 있는 것이 있다면 말씀해 주세요.
용서를 구함	정말 죄송하고, 양해를 부탁드려요.

치명적인 실수를 했을 때 **'화났다면 미안하다', '본의는 아니었지만'** 등 전적으로 자신의 책임을 인정하지 않는 태도는 사과를 받는 사람의 부정적 감정을 높일 수 있습니다. 사과를 하기로 마음을 먹었다면 변명보다는 진심으로 책임을 인정하는 모습을 보여주시기 바랍니다. 팀 내 심각한 갈등이 있더라도 적절한 타이밍에 진심 담긴 사과가 이루어진다면 갈등 이전보다 신뢰관계가 높아지고, 조직 분위기가 좋아지는 경우를 보곤 합니다. 사과는 당연히 잘못을 한 사람이 합니다. 선배가 후배에게, 상사가 후배에게도 할 수 있어야 합니다. 사과야말로 상하를 따지지 않는 수평적 소통 방식인 것입니다.

03 정중하게 거절하기

기업의 차·부장급을 대상으로 후배들과 소통하며 무엇이 가장 어려운지 질문한 적이 있습니다. 여러 가지 대답이 있었지만 대부분이 공감하는 공통된 어려움은 '대답만 알겠다고 한다'는 것이었습니다.

"지시하는 일을 못할 것 같으면 빨리 자기 상황을 이야기 해주는 것이 업무 진행에 도움이 되죠. 못한다고 하면 다른 방법을 찾아볼게 아니겠습니까? 그런데 앞에서는 일단 알겠다고 해놓고 막상 마감일이 되었을 때 아무런 보고가 없어서 어떻게 되어가냐 물어보면 다른 업무 때문에 못했다고 합니다. 그럴 때는 정말 답답하고 화가 납니다."

그런 상황이 이해가 안 가는 것은 아닙니다. 후배의 입장에서는 상사의 지시에 "못 하겠습니다"라는 말을 하는 것 자체가 어렵겠죠. 하지만 정중한 거절은 갈등을 예방하고 업무 효율성을 높이는데 중요한 언어입니다. 그동안 거절의 표현이 불편해서 제대로 말하지 못하고 일을 떠안았거나 지키지 못할 약속을 해서 오히려 상대와의 갈등을 불러오는 결과를 만든 적은 없는지요? 그랬다면 지금부터 갈등을 예방하는 정중한 거절하기의 방법을 현업에 적용해 보시기 바랍니다.

거절 전 생각해 볼 내용

거절의 타이밍은 적절한가?

거절의 타이밍은 언제가 적절할까요? 지금 당장 해야 하는 긴급한 업무일 경우는 바로 답변을 하는 것이 맞습니다. 그러나 연말 연초 부서 업무분장을 하거나 새로운 프로젝트의 담당자를 정하는 등, 답변할 때까지 시간적 여유가 있는 경우라면 일단 시간 확보를 하는 것이 좋습니다. 언제까지 답변을 드리겠다고 약속을 하는 것도 좋은데 약속을 했다면 약속 시간은 꼭 지켜야 합니다. 요구받은 것에 대해 시간을 두고 생각해보고 수용할 것인지 거절할 것인지 객관적으로 판단한 후 답변 합니다. 이 때 상대가 먼저 재차 묻기 전에 답변을 주는 것이 좋습니다. 먼저 찾아가 상황을 진지하게 설명하고 거절을 하면 상대는 **'아, 이 사람이 나의 요구를 가볍게 여기지 않고 진지하게 고민 했구나'**라고 느낄 수 있기 때문입니다. 거절의 표현은 메신저나 메일로 하기보다는 직접 얼굴을 보고 대화하는 것이 좋습니다. 그것이 힘든 상황이라면 전화라도 해서 직접 말을 전해야 오해를 줄일 수 있습니다. 아무리 정중한 표현을 하더라도 문자는 전달되는 과정에서 왜곡될 가능성이 있고, 특히 거절의 상황이라면 더욱 그렇기 때문입니다.

거절의 이유가 명확한가, 대안은 있는가?

거절을 해야 하는 상황이라면 상대에게 도움을 줄 수 없는 이유에 대해 충분한 설명을 하는 것이 좋습니다. "죄송합니다. 지금 업무가 바빠서요."보다는 "제가 내일까지 프로젝트 결과보고서를 제출해야 하는데 이제 시작하는 시점이라 아쉽지만 도움을 드리기가 어렵습니다."와 같이 상대방이 충분히 납득할 수 있도록 구체적인 설명을 해야 수용도가 높아집니다. 상대방의 요구를 그대로 수용하기는 어렵지만 구체적 대안을 이야기하는 것도 문제해결에 도움이 됩니다. "제가 오늘은 힘든데, 내일 결과보고서 제출 후에 마무리를 도와드리면 어떨까요?"처럼 완전한 거절보다는 돕고자 하는 마음이 있다는 것을 표현하는 대안 제시도 나의 의도를 전달하는데 효과적입니다.

상대방을 충분히 공감하고 있는가?

아무리 정중하게 구체적으로 이유를 대며 거절을 해도 거절은 거절입니다. 거절을 받는 상대방은 서운하고 문제가 해결되지 않았으니 답답하고 조급한 마음을 가질 수 있습니다. 때문에 상대가 가지고 있는 어려움에 대해 같이 공감하는 표현은 거절의 대화에서 꼭 필요합니다. 아무리 진지하게 고민하고, 상대를 돕고자 하는 선한 의도가 있더라도 공감의 표현을 하지 않으면 상대방은 알 수 없기 때문입니다. "과장님도 많이 답답하실 텐데요.", "정말 급해 보이셔서 꼭 돕고 싶은데요."처럼 자신의 선한 의도를 표현하는 공감의 표현을 아끼지 마세요.

정중한 거절 표현의 Tip

1. 그 자리에서 바로 거절하기보다 생각할 수 있는 시간을 확보한다.
2. 상대방을 돕고 싶은 나의 마음, 상대방의 힘든 상황에 대한 공감을 표현한다.
3. 거절할 수 밖에 없는 나의 상황을 구체적으로 설명하고, 대안이 있다면 대안을 제시한다.

다음의 상황에서 정중한 거절의 표현을 한번 해 봅시다.

상황 1

김과장은 오늘 11시 고객사 미팅을 하기로 했다. 미팅 후 오후 3시에는 팀장이 주재하는 제안 아이디어 회의에 참석할 예정이다. 오전 9시 고객사 미팅 준비를 위해 제안서와 브로셔를 챙기고 있는데 급하게 옆자리의 박차장이 SOS를 청한다.

"김과장, 정말 미안한데 이번 달 마케팅 계획안 지금 정리 좀 해줄래? 있다가 바로 보고 해야 하는데 내가 취합 요청 메일을 깜빡했다. 미안하지만 지금 바로 좀 정리해 줘."

김과장은 정리하던 고객사 미팅 준비 자료를 챙겨서 지금 출발을 해야 11시 미팅에 늦지 않을 것 같다. 박차장의 요청도 긴급해 보이지만 지금 도움을 줄 수는 없는 상황이다.

생각할 수 있는 시간 확보	
공감 표현	
상황에 대한 구체적 설명과 대안 제시	

스스로 생각을 정리해 보셨다면 아래의 내용을 참조해 보세요.

생각할 수 있는 시간 확보	(이렇게 긴급한 상황에서는 바로 답변을 줘야 한다)
공감 표현	박차장님, 정말 급하시겠는데요. 아, 그런데 어쩌죠?
상황에 대한 구체적 설명과 대안 제시	제가 오늘 A사 미팅이 11시라 바로 출발해야 하거든요. 시간을 30분이라도 미루고 리스트라도 정리해서 드리면 좋은데 오늘 미팅에 A사 본부장도 참석하기로 해서 시간 늦추기가 어려울 것 같아요. 혹시 제 부분만 빼고 보고 하셔도 되면 제가 오늘 팀장님과 하기로 한 제안 미팅 조금 늦게 들어가도 되는지 확인해 보고 다녀와서 바로 정리해 드릴께요. 그게 힘드시면 지난달 원본 데이터 드리겠습니다. 차장님께서 정리 가능하실까요?

상황 2

최팀장은 이번달 본부 회의에서 새롭게 시행될 '고객 제품사용 안내 교육'을 최팀장의 팀에서 맡았으면 한다는 본부장님의 지시를 받았다.

지난 주 팀 회의에서는 업무 과부하로 팀원들에게 인력 확충이 필요하다는 요구를 들었고, 오늘 회의에서 인력을 요청하려고 준비했던 차에 오히려 새로운 업무를 담당하라는 본부장님의 지시를 듣고 나니 당황스럽다. 아무리 생각해도 이 업무를 맡아서 담당할 팀 내 인력이 떠오르지 않는다. 타 팀의 팀장들도 서로 인력이 필요하다고 하는 상황이라 난감하기만 하다.

생각할 수 있는 시간 확보	
공감 표현	
상황에 대한 구체적 설명과 대안 제시	

스스로 생각을 정리해 보셨다면 아래의 내용을 참조해 보세요.

생각할 수 있는 시간 확보	본부장님, 일단 팀에 가서 업무 상황을 한번 정리해 보고 말씀 드려도 괜찮겠습니까?
공감 표현	(팀 내 상황 공유 및 대안에 대한 고민 후) 본부장님, 팀들이 다들 업무 과부하라 이 업무 배정받기는 정말 힘들 것 같습니다. 저희 팀에서 기분 좋게 이 업무를 맡을 수 있으면 좋을텐데요.
상황에 대한 구체적 설명과 대안 제시	팀원들과 회의를 해 보니까 현재 저희 팀에서 맡고 있는 고객 서비스 업무 관련해서 지난 해 보다 고객사가 30% 늘었는데 직원은 1명이 줄어든 상황입니다. 그래서 현재 업무도 충분히 만족스럽게 진행이 안 되고 있는 상황이라 교육 업무까지 담당하는 것은 현실적으로 불가능한 상황입니다. 사실 어제 저희 팀 인력 1명이라도 충원해 달라고 요청 드려보려고 했었거든요. 괜찮으시다면 한 번만 더 다른 팀에 배정하시는 것을 고민해 주시겠습니까?

스탠포드 교수인 클리포나스는 사람들은 긍정적인 이야기보다 부정적인 것을 훨씬 더 강렬하고 구체적으로 기억한다는 심리학 연구 결과를 제시합니다. 관계의 본심 클리포나, 코리나 엔 지음, 방영호 옮김, 푸른숲, 2011 사람의 뇌는 부정적인 대상에 집중하도록 진화되어 왔기 때문에 누군가로부터 비판이나 거절을 받으면 각성 상태에 들어가게 되고 그 내용을 더 오래 기억하게 된다는 것입니다. 때문에 조직 안에서도 칭찬이나 인정의 언어보다는 비판이나 거절의 표현이 관계에 더 큰 영향을 미치게 됩니다. 상대의 부탁이나 업무 요청을 거절할 때 그의 심리상태를 배려하면서 거절의 표현에 공을 들여야 하는 이유가 여기 있습니다.

현장에서의 Q&A

상대방의 입장에서 경청을 할 때 상대가 한 이야기가 무엇을 의미하는지 정확하게 파악이 되지 않을 때가 있습니다. 질문을 하기에는 실례가 될 것 같아서 그냥 넘어가곤 하는데요. 그러다 보면 정확한 커뮤니케이션이 안 될 때가 있습니다. 이럴 땐 어떻게 해야 할까요?

현장에서 많은 분들이 주시는 질문입니다. 상대에게 질문할 때 어떻게 하면 공격 받았다거나 중간에 말을 끊었다는 불쾌함 없이 내가 궁금한 것을 잘 질문할 수 있을까? 우리가 자주 하는 고민이죠. 이 때는 먼저 상대의 말을 끝까지 듣습니다. 그리고 두 가지의 질문 방법 중 적절한 방법을 선택하면 좋겠습니다.

첫 번째, **요약 + 확인**

내가 이해한 바를 나의 말로 한번 요약해 보고, 내가 이해한 바가 맞는지 상대가 피드백 주도록 합니다.

"말씀 하신 내용은 ~~~이라고 정리가 되는데, 제가 제대로 이해했을까요?"

두 번째, **명료화 질문**

들으면서 궁금하거나 이해가 안 갔던 부분을 하나씩 질문합니다.

"말씀 하신 내용 중에 ~~~에 대해서 제가 이해가 부족한 것 같은데 한번만 더 설명해 주시겠어요?"

"~~~이라는 단어를 제가 잘 몰라서 그러는데 그게 ~~~한 의미가 맞나요?"

이때 주의할 점은 질문하기 전에 먼저 듣는 태도입니다. 충분히 집중해서 듣는 자세를 보인 후 질문을 한다면 상대방도 성심껏 답변 하겠지만 들을 때 이미 집중하지 않았다가 이야기한 것을 다시 질문하거나 제대로 이해하지 못했다면 말하는 사람도 불쾌한 감정이 생길 수 있기 때문입니다. 또 질문 전 그 동안 들었던 이야기에 대한 공감 표현을 한 후 질문을 한다면 질문의 의도가 잘 전달될 것입니다.

현장에서의 Q&A

상대방의 이야기를 경청하기 위해 노력하는데 그럴수록 상대는 본인의 이야기만 하는 경우가 있습니다. 이럴 땐 어떻게 해야 할까요?

시간은 한정되어 있고 해야 할 이야기가 정해져 있는, 즉 아젠다가 있는 상황에서 상대방이 자기 이야기만 계속 한다면 적당한 시점에 대화를 전환시키는 것도 매우 중요합니다. 대화는 상대방 뿐만 아니라 상호간의 만족이 있어야 하기 때문이죠.

대화를 전환하는 기법 몇 가지 살펴보겠습니다.

첫째, 본래 하고자 하는 이야기가 있었다면 본론으로 돌아가는 전환 멘트를 합니다.

"우리가 ~~~에 대해 이야기 하고 있었죠? 다시 본론으로 돌아가 보면 ⋯."

둘째, 화장실을 가거나 물을 마시러 가는 등 잠시 대화를 중단합니다.

화가 중단된 후에 자연스럽게 분위기를 전환하는 대화를 시도합니다.

셋째, 여럿이 나누는 대화의 자리라면 대화에 참여하지 않는 사람에게 질문을 합니다.

"OOO님은 어때요? 이 문제에 대해 어떻게 생각하세요?"

이 과정에서 상대가 죄책감을 느끼지 않도록 자연스럽게 분위기를 전환시키는 배려의 태도는 대화의 품위와 업무의 생산성을 올려줍니다.

현장에서의 Q&A

갈등 상황에서 항상 열린 질문과 긍정 질문만 해야 할까요? 가끔은 문제의 원인을 정확하게 파악해야 해결할 수 있기 때문에 과거의 원인을 파악하는 것도 매우 중요하다고 생각합니다.

네 맞습니다. 우리가 살펴본 열린 질문, 긍정 질문은 '이것만 하자'가 아니라 '이것도 하자'로 이해하시면 좋겠습니다. 상황에 따라 사실 관계를 확인해야 할 때는 A냐 B냐 하는 선택형 질문도 때로는 필요하고, 왜 상황이 그렇게 되었는지 원인을 파악하는 질문도 필요할 때가 있습니다. 다만 우리가 오랜 시간 동안 문제를 파악하거나 판단이 들어간 질문에 많이 노출되었기 때문에 생각을 열어주는 열린 질문과 미래를 상상하는 긍정 질문을 하기 위해서는 훈련이 필요합니다. 이런 이유로 구체적 훈련을 한 것입니다. 우리가 사용할 수 있는 질문의 연장통을 다양화했다는 관점에서 이해하시기 바랍니다.

현장에서의 Q&A

상대와 이야기를 할 때 또는 갈등상황에서 내가 결론을 포함한 선입견을 가지고 상대의 이야기를 듣고 있다는 것을 알아차리지 못하곤 합니다. 내가 중립적이지 못한 상황임을 깨달을 수 있는 방법이 있을까요?

선입견을 알아차리고 중립성을 유지하는 것이야 말로 긴 시간 반복적인 훈련이 요구됩니다. 이를 위해 일상생활에서 가장 쉽게 해볼 수 있는 연습이 **'공감해 보기'**입니다. 공감은 내가 상대방이 되어 그의 감정과 생각을 느껴보는 것입니다. '내가 이 사람이라면 어떤 감정이 들까', '내가 이 사람이라면 어떤 판단을 할 수 있을까'하고 잠시 상대방이 되어 보는 것입니다. 공감을 잘 하기 위해서 더 선행되어야 할 것은 **'적극적인 경청'**입니다. 상대가 하는 말을 처음부터 끝까지 판단하지 않고, 잘 들어보아야 그가 말하고자 하는 것을 들을 수 있습니다. 따라서 상대방이 이야기하는 것을 편견 없이 듣고 싶다면 이번 만큼은 이 사람의 이야기가 끝날 때 까지 판단하지 않고 들어보겠다는 각오와 실행이 필요합니다. 그 과정에서 상대가 되어보는 공감이 자연스럽게 연결됩니다.

현장에서의 Q&A

고객이 무리한 요구를 해올 때가 많습니다. 최대한 맞춰 주면 고객의 기대 수준이 올라가서 점점 무리한 요구를 해오는 것을 느낍니다. 어떻게 하면 고객과 관계를 훼손하지 않으면서 거절을 잘 할 수 있을까요?

고객의 요구를 거절하는 것은 쉽지 않습니다. 특히 지속적인 관계를 이어가야 하는 고객이라면 더욱 그렇지요. 이럴 때 앞에서 살펴본 거절 표현의 Tip을 기억해 주세요. 거절을 당하는 사람의 입장에서 생각해 본다면 충분히 생각해 보거나 알아보지 않고 바로 그 자리에서 안 된다는 말을 들으면 불편할 수밖에 없습니다. 따라서 확인하고 생각할 수 있는 시간을 확보함으로써 이 사안에 대해 충분히 돕고자 하는 마음이 있다는 것을 표현합니다. 그럼에도 불구하고 거절할 수 밖에 없는 상황이라면 고객의 입장에서 불편함이나 필요 욕구를 충분히 공감하세요.

거절을 할 때는 상대방의 요구를 들어줄 수 없는 구체적인 이유를 자세히 설명함으로써 오해가 없도록 하는 것이 중요합니다. 혹시 그 사안에 대해 대안이 될 만한 소소한 아이디어나 실행 방안이 있다면 대안을 함께 제시하세요. 대안 제시는 거절로 인한 부정적 감정을 감소시키는데 큰 역할을 할 것입니다. 고객도 자신의 입장에서 공들여 대안을 찾아보는 파트너의 모습 속에서 오히려 감동 에너지를 얻을 수 있습니다.

현장에서의 Q&A

평상시 저를 잘 챙겨주시는 선배님께 감사의 마음을 가지고 있으나 같은 남자끼리 감사의 표현을 하는 게 어딘지 모르게 쑥스럽고 어색해서 잘 표현을 하지 못합니다. 평소에 하지 않던 대화를 한다고 생각하면 불편하기도 하고 해서 소주 한잔 하는 걸로 대신하기도 합니다. 소주 한잔이면 충분하다고 여기는 관계에서도 감사의 말이 중요할까요?

"아이 뭐 그렇게 말로 다 표현을 해야 합니까?"
"정말 이렇게 길게 말로 표현 하는 사람들이 있습니까?"

감사하기 실습을 할 때 일부 참여자들이 저에게 하는 질문입니다. 익숙하지 않은 대화의 방식이다 보니 "설마 이렇게 말하는 사람들이 실제로 있겠어."라고 생각할 수 있습니다. 물론 서로 신뢰관계가 두터워 굳이 말로 표현하지 않아도 서로 이해할 수 있는 관계가 있습니다. 주로 어려운 상황을 함께 고생하면서 극복한 동료일수록 말하지 않아도 서로 알아주는 관계가 많습니다. 하지만 표현하지 않는 마음은 그저 나만의 마음일 뿐 상대는 전혀 알 수 없습니다. 나는 나의 의도를 충분히 알고 있지만 상대가 알 수 있는 내 마음의 단서는 말과 행동 뿐입니다. 어색하더라도 마음을 표현하는 방식의 대화를 소소하게 시도해 보면서 동료와 진정성 있는 관계를 맺어 보시기 바랍니다.

에필로그

#1

갈등 상황에서는 감정적으로 상처받게 됩니다. 상처가 잦아도 마음에는 내성이 쉽게 생기지 않습니다. 조직에 몸담고 있을 때 저는 상사, 후배, 동료, 고객 등 다양한 이해관계자들과 작든 크든 끊임없는 갈등을 겪으며 몸살을 앓았습니다. 때로는 의견 조율이라는 이름이었고 때로는 강한 대립이었습니다. 현재 제가 만나는 고객사와 워크숍 참여자들이 겪고 있는 다양한 갈등 상황을 저 또한 겪었습니다. 그 때는 갈등이 문제라고 느꼈고 그래서 피하고 싶었습니다. 제가 참거나 혹은 참다 참다 안 되면 상대방이 무안할 정도로 공격적인 태도를 취하기도 했습니다.

#2

만약 그 때 제가 갈등은 피할 수 없다는 것, 갈등은 일을 하는 과정의 일부라는 점, 오히려 갈등 자원을 잘 활용한다면 갈등 이전보다 긍정적 문제해결과 관계에 도움이 될 수도 있다고 생각했다면 어땠을까요? 문제해결은 보다 효율적이고, 관계는 발전적이었을 것입니다. 누구를 원망하는 시간에 문제 해결에 좀 더 시간을 사용하고, 걱정과 불안 속에서 한숨 쉬기보다는 잘 해결된 모습을 상상하고, 서로가 원하는 것에 집중했을 것입니다. 그래서 저는 갈등관리 워크숍을 진행할 때 더 보람이 있고 속으로 뿌듯함을 느낄 때가 많습니다. 제가 하는 일이 조금이나마 현장에 계시는 분들에게 도움이 될 수 있다는 확신이 있기 때문입니다.

#3

저는 워크숍을 마칠 때 워크숍이 진행되는 동안 느낀 점이나 현장에 적용할 포인트를 함께 공유하는 마무리 대화 시간을 갖습니다. 그 때 들었던 참여자들의 이야기 중 일부입니다.

"제가 이걸 좀 더 일찍 알았더라면 좋았을 것 같습니다. 지난주에 내부 갈등을 해결해야 해서 지사에 방문했었는데, 좀 더 일찍 알았더라면 그렇게 대화를 하지는 않았을 것 같습니다."

"제가 갈등 상황에서 생각보다 감정적이었다는 것을 알았어요. 돌아간다면 사문진승4가지 단계를 줄여쓴 말을 꼭 적용해 봐야겠습니다."

"자극과 반응 사이에 공간을 만들자는 내용이 참으로 가슴에 와 닿았습니다. 조직 내에서든 가정 내에서든 감정을 내려놓고 서로가 이 상황에서 얻고자 하는 것이 무엇인지에 초점을 맞춘다면 서로 덜 상처받고 갈등을 관리할 수 있을 것 같습니다."

"남자들끼리 일해서 그런지 감사, 사과 이런 말들 잘 안 합니다. 그냥 술 한 잔 먹으면 풀리겠지 했는데, 돌아가면 평소에 말 습관부터 좀 바꿔 봐야겠습니다."

참여자들의 이야기처럼 이 책이 작은 실천의 밑거름이 되었으면 좋겠습니다. 작은 실천이 작은 변화를 만들고 일상의 작은 변화가 대단한 결과를 가져오는 것입니다. 그리고 혹시 나는 노력했는데 상대는 변화하지 않으니 이런 노력이 다 소용 없다고 느껴지는 순간이 온다면 상대의 반응까지 소유할 수 없다는 것을 꼭 기억해 주세요. 상대는 존재 그 자체로 인정해야 하고, 내가 선택할 수 있는 것은 오직 나의 행동과 나의 반응입니다.

참고자료

현대의 교류분석
Ian Stewart, VANN JOINES, 제석봉, 최외선 김갑숙 옮김, 학지사, 2015

삶을 변화시키는 질문의 기술
마릴리 에덤스 , 김영사, 2018

죽음의 수용소에서
빅터 프랭클, 이시형 옮김, 청아출판사, 2017

갈등 앞에서 갈등하지 마라
최환규, 김성희 지음, 매일경제신문사, 2016

갈등 관리
김두열 지음, 공동체, 2014

갈등 해결의 지혜
강영진 지음, 일빛, 2009

조직내 갈등에 대한 공무원의 갈등관리 유형에 관한 연구
은재호, 장현주, 2012, 한국인사행정학회보, 제11권 제1호, 1~24p

팀웍의 개념, 측정 및 증진방법
박원우, 서울대학교출판문화원, 2011, 158~166p

Thomas, K. W. & Kilmann, R. H., Thomas-Kilmann Conflict Mode Instrument. Tuxedo, NY:Xicom., 1974

Thomas, K. W. & Kilmann, R. H., The Social Desirability Variable in Organizational Research : An Alternative Explanation for Reported Findings, Academy of Management Journal, 18(4), 1975

Thomas, K. W. & Schmidt, W. H., A Survey of Managerial Interests with Respect to Conflict. Academy of Management Journal, 1976

조직 갈등관리 트레이닝 북

기업과 공공기관이 선택한 갈등관리 교과서!

초판 발행	2019년 4월 15일
개정판 1쇄	2019년 9월 30일
개정판 2쇄	2020년 8월 15일
개정판 3쇄	2022년 11월 15일
개정판 4쇄	2024년 7월 15일
지은이	박효정
발행인	김진태
펴낸곳	brainLEO
출판신고	2016년 1월 8일 제2016-000009호
주소	서울특별시 양천구 중앙로 324, 203호 오프라세노
전화	02) 2070-8400
전자우편	opraseno@naver.com
홈페이지	opraseno.com
ISBN	979-11-957934-7-1 13320

가격	15,000원

파본이나 잘못 만들어진 책은 구입하신 곳에서 교환해 드립니다.

Published by brainLEO

이 도서의 국립중앙도서관 출판예정도서목록(CIP)은 서지정보유통지원시스템 홈페이지(http://seoji.nl.go.kr)와 국가자료종합목록시스템(http://www.nl.go.kr/kolisnet)에서 이용하실 수 있습니다. (CIP제어번호 : CIP2019013626)